当个不扫兴的班主任

DANG GE BU
SAO XING DE
BAN ZHU REN

夏晓磊 / 著

山东文艺出版社

讓教育成為生活
讓生活成為故事

莊漢進 題

让越来越多的教育不再扫兴

王维审

我和夏晓磊老师只见过一面,却又有着很多交集,算是熟悉的陌生人。

01

第一次听到夏晓磊,是我在与庄汉进校长的交谈中。当时,庄校长告诉我,他们学校有位年轻的班主任,在班级管理上很有一套,颇受家长和学生喜欢。说实话,在听到这儿的时候,我没太入心,太多校长推荐过太多"优秀班主任",而我对那种传统意义上的"优秀"并不是很感兴趣。但是,当庄校长告诉我夏老师喜欢记录班级故事,在承担繁重的教学任务之外还坚持写作时,我忽然来了兴趣,然后兴致勃勃地翻阅起庄校长递过来的文稿。也就在那一次,夏晓磊的名字被我记下了(我属于记性不好的人),同时也记下了她的文字。或者倒过来说,因为她的文字,我记住了夏晓磊。夏老师的文字干净、丰富、生动,有种可以从中拧出教育现场的感觉，是我喜欢的那种。

第二次听到夏晓磊，是在庄校长打给我的电话中。那时候，夏老师参评区名班主任培养人选失利，但是很希望参加学习成长活动，庄校长希望能够给夏老师多点学习的机会，让她开阔一下视野。恰巧，区首批名班主任工作室正在筹建，我便推荐她加入初中名班主任工作室。也就是在这个工作室的一次交流活动中，夏老师的分享得到了众人认同和赞扬，我再次记住了她，既能写又会讲的夏晓磊。从那以后，但凡有学校让我推荐人为班主任们讲课，我都会让他们邀请她去试试，试着试着，夏老师成了本土小有名气的班主任。特别是她成为沂蒙名班主任培养人选后，她的舞台开始从学校走上了更高层次的培训，越来越多的人看到了她。

第三次听到夏晓磊，是在他们学校，不仅听到了名字，也见到了人。这一次，庄校长告诉我，夏老师这些年发表了不少文章，自己也做了一些梳理，学校想帮助她正式出版一本书。那一次见面因工作冲突被打断，我们说了不过两三句话，书稿倒是看到了厚厚的一大摞。这些年，我几乎每天都会在朋友圈里看到夏老师的文章，也觉得她有出版作品的足够理由了。想过要提醒一下，没想到还是学校赶在了我的前面。

第四次听到夏晓磊，还是在电话中，庄校长希望我能为夏老师的新书写篇序。

我用了八百多字来回忆这些，肯定不是为了单纯地谈交往。

我真实的意思是想提醒大家,在我讲到的每次经历中,都有庄校长在场。或者说,夏晓磊作为一名普通老师,她的每一次成长都有校长在场,这可能给了她最大的底气和力量。庄校长是我最敬重的校长,按理说他最有资格来写这篇序。我之所以答应来写,一是庄校长盛情相邀,二是作品的题目吸引了我。"不扫兴"是个好东西,我们都应该做一个不扫兴的人。你是老师,就做个不扫兴的老师;你是父母,就做个不扫兴的家长;你是校长,就做个不扫兴的校长。

就像庄校长,从他对夏老师的跟踪式关注来看,他就是一个不扫兴的校长。你看,当他关注到夏老师喜欢写文章时,并没有像其他校长那样加一句"要是再多上点课就更好了";当他看到夏老师评选失利时,并没有像别人一样来一个"你怎么浪费了一个名额";当他看到夏老师想要出版一本作品时,并没有像其他人一样来一句"这个晋职称又不加分"……什么是不扫兴?不扫兴,不是让你帮助别人学会唱歌,而是当歌声响起时及时送上欣赏的掌声;不扫兴,不是要求你为别人点起绚丽的篝火,而是在别人点燃后,你能够惊喜地大叫一声。

不扫兴是成本最低的管理,却也是最好的鼓励。但,就是这样一种举手之劳,我们做管理的,做教育的,又有多少人能够做到呢?

02

虽然见面不多,但夏老师会经常出现。

每次建议学校邀请她讲课，学校都会反馈她的优秀；每次邀约参加区里的活动，我的同事也会提及她的睿智。就在这些零零碎碎的信息中，一个略显执拗而又专注的夏晓磊就清晰地勾勒出来。我隐约记得有一次，区里邀请夏老师参加一个活动，需要她做分享。已经记不清是在分享内容的设计还是分享的方式上，她与我的同事持有不同观点，在充分沟通之后，她依然坚持自己的想法。当时，我觉得这是一个有独立意识的老师，是当下教师群体中的稀有者。现在来看，这也是一种不扫兴——不扫自己的兴。

在对"不扫兴"的认识上，我们很多人可能会偏向于不扫别人的兴，将"不扫兴"归结为一种人际关系的建设能力。实际上，不扫兴首先是不扫自己的兴，这是一种自我的修炼，更是人格建设的基础能力。在学校生活中，我们可能会经常遇到扫自己兴的事情：明明看不惯通过高压措施来获得教学成绩，但看到周围的人都严阵以待时，也只能把心中那些做真教育的小火苗掐灭；明明看不惯那些弄虚作假的怪现象，但当看到大多数人都是如此时，也只好收起了保持自我的小心思……如此，不扫自己的兴，就是尽力保持自我，不随波逐流，不随便让自己对自己失望，能够按照自己的原则和理想做教育。

做自己，说起来很简单的事情，做起来却很难。现在想想，教师职业幸福的泯灭，是不是与自我的无法实现有关？自己的兴被扫的次数多了，也就慢慢失去了清醒、独立和激情，就容易走向平庸。一个人，但凡要坚持什么，就不能扫自己的兴，要学会给自己鼓劲，要学会保持足够的清醒和认知。现在的老师都说压力大、琐事多，都在强调没有时间写作，还有一些曾经热爱写作的老师，慢慢也退出了坚持的队伍，原因是什么？我猜想，可能是看到别人都不写作，然后选择了扫自己的兴——我也不写了吧！

夏老师在学校的工作量并不小，承担的教学任务也很重，她为什么能够坚持写作？我觉得，原因就在于她的不扫兴，不扫自己的兴，不委屈自己的理想，不饿着自己的喜欢，不辜负自己的努力。

我有一个想法不知道是否正确：只有不扫自己兴的人，才有可能不扫别人的兴。一个对自己随大溜的人，肯定也不会为别人去做很大的坚守，不是吗？

03

当然，作为教师来说，最重要的还是不扫学生的兴。

在师生关系中，不扫兴是最大的善良，也是最重要的能力。学生考了70分，你拍拍他的肩膀告诉他，你已经很棒了，这就是不扫兴。但，现实中的我们通常会说——你可以考到80分的，这就有点让人扫兴了。这种扫兴，时时都在发生，有意无意地发生，更多时候我们并没有察觉，或者说已经成了理所当然。

夏老师的文章，呈现的大都是她与学生之间的故事，这些故事里最常见的元素就是在乎、认可、信任和支持，而这也是不扫兴的标志性元素。我想，这本书的意义就在于，从普通一线班主任生活中，培育、发现、欣赏那些不扫兴的做法，让那些闪现着智慧、执着与生动情感的教育现场，复制或移植到更多班级管理的实践之中，让越来越多的教育不再扫兴。所以，我觉得这个选题很有意义，当每一个教师都成了不扫兴的人，教育才有可能成为不扫兴的教育。

至于，如何才能当一个不扫兴的班主任，那就只能到书中去寻找答案了。

（王维审，叙事教育倡导者，"叙事者"教师专业发展共同体发起人，中国教育报 2019 年度推动读书十大人物，出版有《成为更好的老师》《寻找不一样的教育》等专著多部）

遇 见

陈 娟

三年前,我被一个叫夏晓磊的给迷住了,白天想,晚上做梦还"写"了一篇关于她的文章《嗨,夏晓磊》。

认识她,纯属偶然。

那是一个秋天,我被通知去市里参加一个活动,自带笔记本电脑和耳机,具体任务不明。到了之后,才知道是做班主任业务能力大赛的评委。

做这个评委,我自觉比较有底气,做了二十九年的班主任,还曾获评"全市十佳班主任",也是在这个阵营里爱恨交织千千万,出生入死难以计数,是有点发言权的。评委十几位,内容有三块——育人故事、主题班会、带班育人方略,我和另一位老师负责"育人故事"这一块。

一共二十多位老师的材料,我一个个点开看去。首先看到的是两位男老师的材料,不得不说,我们的班主任老师都特别吃苦耐劳，负责敬业，教学踏实，育人用心，但是文字材料写得实在是不敢恭维，更让人无语的是那配套视频：面对着镜头，直接照稿读！

直到遇见夏晓磊。

我先去看文字稿：《一根头绳》。

一根头绳，一个小小的切口，抽丝剥茧、追本溯源，却折射出"青春期早恋"的大问题，最终解决得那么轻松。正像作者写的，"没有对错，没有指责，有的只是平等的互动和交流。孩子们都很聪明，他们只是需要在迷茫的路口有人稍作点拨，剩下的，他们会去悄悄地自我修正。"最后的总结也是那么奇妙："班主任工作就是这样，没有惊天动地的壮举，没有可歌可泣的事迹，全是这些平凡琐碎但温暖细微的小事。我完全有理由相信，这一根头绳的故事，会悄然留在一些孩子的心底，成为他们最有意义的回忆。"

这种写法，在武林，就是化骨绵掌，四两拨千斤；在文学创作，就是巧于构思，精于剪裁；在园林设计上，就是曲径通幽，别有洞天。我不由得暗暗称奇。

迫不及待去看视频材料，我想看看写这么一手洗练、灵动文字的小班主任是个什么样子。点开视频看去，却是一个年轻的女孩子，长发，穿着水墨印花的长裙……说实话，视频效果并不是太好，像素不算高，面目有些模糊，但是目之所及是她的嘴角眉梢的笑，轻灵、浅淡而自然，让人感觉很舒服。

镜头随后到了操场，小夏老师换上了一身上红下黑的运动装，还戴了一顶运动帽，风格一下子变了，青春干练，后来就是那场"喜欢的东西和必须要干的东西"的论辩，整个小视频，不僵硬，不凑合，像是一场微电影……

两相比较，高下立见。

往下一个个看去，也有老师的文字和视频别有特色，但无人能出其右。我们打完分，等分数合成的时候，大家自由交流，各评委无一不对小夏老师交口称赞。我更是点开"主题班会""带班育人方略"两个板块，一一看去，同样让人耳目一新，因此，最后的成绩，小夏老师以其清新精练的文字和自然和谐的小视频，一骑绝尘，毫无悬念地成为这次业务能力大赛的第一名。

评委工作结束了，而我，却悄悄地藏起来一个心思——我要把这个小夏老师招募到我的工作室来。

我的工作室，于2018年由市教师教育科牵头成立，属于全市第一批名师工作室。说实话，我当时是不愿意承担的，因为我怕自己做不好，但是推了半天无果，只好硬着头皮担下。

自从应下之后，我真是寝食难安，"受命以来，夙夜忧叹，恐托付不效"，又遇疫情，出不能出，大型研讨、讲课活动，我也没能力没精力组织，那么就剩下组团读书、写作，推名师促成长这一条道了。于是，我以"梧桐深深"公众号为主阵地，以投稿至各级各类刊物为主旋律。说实话，写作这事有滞后性，第一篇稿件尤其难，但写着写着，坚持下去，成长也就自然而然，发表更是水到渠成。

我成立名师工作室，人员都是我自己选的，我不要名，不要多，只要精。也有找上门来的，有着明确的目的，但是看文字，味道不对，我都委婉拒绝。

而小夏的文，让我喜欢，那就是我喜欢的味道，是我的味道，惺惺相惜也罢，臭味相投也好，反正那文字表达，我喜欢，我要这笔杆！但是这心思，我是悄悄埋在心底的，我知道工作纪律，结果没有公示之前，我不可以轻举妄动。

前后等了一个月，评比结果终于尘埃落定，我拨通了那个存在手机已久的号码。

"喂——"是那个视频里的声音，"我这边正在开运动会，很吵……"

我没有多说，只撂下一句："加微信。"

加好友后的第一句，我写："我想你想了很久了。"

她回："这开场白一下拉近了咱俩的距离。"

我说："你在我心里转悠一个月了，魂牵梦绕的。"

她答："我现在坐在一片喧闹繁华里，却感到无比幸福安静，有人惦记的感觉真的很好。"

我给她发我的文，她给我发她的文。

我说，我跟你有点对味儿，联系上你，是我最快乐的事情。

她说，我觉得我们就像是前世认识，而不是刚认识一小时。

她给我发她的班主任育人理念：用活动引领成长，让每个孩子闪光。我说："你这句是偷我的。"她认真地说，这是她改了多次后凝聚而成的，只能说是我们英雄所见略同。

她说她总爱随意写，没地方发就发在朋友圈里，主打一个记录生活；我说我也写得随意，我写完就发给编辑，一旦发表还有稿费。

我说我有一只猫部队，她说她家有猫两只狗一条。

聊到最后，发现我俩的相似点越来越多，自卑、磨难、坎坷与坚持，我们都是那个蹲在角落里默默成长的人。

甚至，连"失父"都是那么相似，只不过她年幼，而我当时已成年。

到最后，小夏总结了一句"所有的遇见都是久别重逢"，这感觉在我心里也是真真切切。

但是小夏不知道的是，在白天热乎乎地聊天之后，晚上我在黑夜里，翻遍了她的朋友圈，我终于知道这个世界上有一个人是这么热闹地生活着，许多我念而未做的她已经完成了。小夏老师记录生活的点滴，记录班级的一天，记录学生给的温暖，记录她在运动会上跑100米夺冠的瞬间，记录她勇敢地踏进心理健康教师资格面试的考场，记录她家孩子和狗狗猫猫玩游戏卡的小幸福……我终于知道我和小夏之间隔着什么了，除了十二岁的年龄，还有对教学的激情和对生活的热情。

她像是另一个我，早年的我，生机勃勃的我，一往无前的我。在这激情消退的隘口，老天派她来拯救我颓败的心灵，我想，她是我的一针强心剂，我想以后我的心，会欢跳得更加蓬勃。

　　三年过去了，小夏老师通过读书和写作，实现了她事业和生活上质的飞跃，更是收获了包括我在内的一众"粉丝"。连续三年，每周三雷打不动，夏老师在我们"梧桐深深"公众号上发表文章，她擅长叙事，记录故事又主打一个真实，所以代入感极强，很容易引发读者共鸣。我也总能收到后台留言，来自全国各地的同行，还有误打误撞通过分享链接进来读故事的家长，他们无一例外地表达着感谢，感谢夏老师的文字给了他们莫名的温暖和力量。我们的"梧桐深深"公众号因为夏老师的故事而变成了一个老师记录、一群老师关注、一个群体彼此温暖和自我救赎的平台，我们团队的成员也个个变成叙事高手，呈现出"百花齐放"的写作态势。

　　遇见夏晓磊，是我最幸运的事。

　　她用实际行动诠释着一名老师该有的信仰：用最沉默的姿态坚守教育事业，以最沸腾的肝胆温暖学生，用最纯粹的善良帮助他人，以最干净的文字记录生活。

　　我想说，遇见夏晓磊，认识她这个人，读她的故事，真好！

　　（陈娟，山东省特级教师，正高级教师，《班主任之友》封面人物，在《班主任之友》《教师博览》等刊物发文近三百篇）

目录

当个
不扫兴的班主任

▶ 第一辑　一笔故事　看见创意

"吐槽板"和"表白墙" ／3
家长会上的"神秘暗号" ／8
奖励一个"创意" ／13
会说话的小菜园 ／20
你好，盲盒 ／23
小活动，大成长 ／26
"心之碎片"游戏班会 ／32
春天里的乒乒乓乓 ／37
错中求正 ／42
一根头绳 ／47
把丸子端到操场上 ／51

▶ 第二辑　一笔故事　看见成长

老师，我反对 ／59
同学，你可以说"不" ／64
放心去"飞" ／69
选　择 ／73

分……手……吧	/78
系好你的纽扣	/87
"沸杨杨"成长记	/93
给爱绣上理智的花边	/104
故事里的标点符号	/110

▶第三辑　一笔故事　看见师生

当个不扫兴的老师	/121
好粥慢熬，好学生慢慢教	/125
特别庇护	/131
苓	/136
我要快乐，不必正常	/141
别怕，我们都在	/145
那个冬天有点暖	/149
别和孩子较劲	/153
又见小艾	/159
晚上早睡，记得关窗	/164
盘点我班里的那些"小行星"	/172
花开次第	/180

▶第四辑　一笔故事　看见眼泪
　　小红，对不起　　　　　　　　　　　　／187
　　那个挪用电费的孩子　　　　　　　　　／192
　　一杯"可惜了"的奶茶　　　　　　　　／198
　　无论如何，他们都不该被打　　　　　　／203
　　爱得适度　　　　　　　　　　　　　　／209
　　我们不必"最好"　　　　　　　　　　／214
　　孩童之道　　　　　　　　　　　　　　／220
　　教育合伙人，请听我说　　　　　　　　／225

▶第五辑　一笔诗意　看见花开
　　心里有一朵花的小种子　　　　　　　　／235
　　和一朵花相遇　　　　　　　　　　　　／238
　　寻找答案　　　　　　　　　　　　　　／242
　　刹那光影，瞬间永恒　　　　　　　　　／246
　　土豆，土豆　　　　　　　　　　　　　／249
　　兰花儿，兰草儿　　　　　　　　　　　／255
　　班主任的眼睛　　　　　　　　　　　　／260
　　见字如面　　　　　　　　　　　　　　／264

后　记　　　　　　　　　　　　　　　　　／268

一笔故事　看见创意　第一辑

　　生活处处有语文,语文无处不生活,生活中的一件小事、一个细节,都可以成为我们创意的源泉。教育有意思,学生有期待,成长也就自然而然了。

"吐槽板"和"表白墙"

寻常的周一下午，班会结束后马上迎来晚上的家长会，同学们和我的心情一定不同。

初冬时节，窗外的天空迅速漫上了黑幕，还来不及回顾白天究竟做了哪些事情，黑夜已悄然来临。为了让学生有个好心情，我突发奇想，给他们自由，让他们在黑板上写下自己想对父母说的话，并且特意强调：不必署名。

在欢呼声过后，竟无一人上台，我知道一定是我多余了。于是我微笑着退出教室，临出门时说："你们要抓紧写呀，我去站路队的地方等你们，不要让我等太久。"又是一片欢呼声，这一群正值青春的小孩也许压抑太久了，在我走下楼梯时，听到教室里传出一片喧闹声。

路灯乍亮，似乎在极力适应这个夜晚，我和一盏路灯相对而立，静静地等待。

大约十分钟后，我的学生们便三五成群、边聊边笑地走到我面前，稚气的脸上写满了意犹未尽，见了我第一句便是："老师，你等会儿看到黑板一定会大吃一惊。"我笑了笑，表现出迫不及待的样子。

孩子们陆续离开教室，管理员整好路队，我们便在《鱼我所欲也》的背诵声中浩浩荡荡走向校门。

把他们送出校门，我迅速地折回教室，想看看这群孩子究竟写了些什么。哇！色彩斑斓的黑板上，歪歪扭扭地写满了控诉：有红笔写的"请不要将我与别人比较"，蓝笔写的"请不要逼我太紧"，还有白笔写下的"请多陪陪我"，还有黄颜色"不要一边说我好又一边打击我"的警示，以及"恳求多给我一点零花钱"的小字，大大的一排字"谢谢你们，别太累了"……

我总结了一下，高频词有"比较""手机""严厉""陪伴"这几个。我思考着如何和即将到来的家长，一起面对这块黑板，加以自查自省。

家长们很守时，如约而至，没有多余的寒暄，我们直接进入正题。当大家把目光集中到黑板上的刹那，本来稍微喧闹的教室瞬间安静下来，由微笑转为皱眉再到平复，这些细微的表情变化在每个家长的脸上都上演了一遍。他们有的拿出手机拍照，有的和旁边的人小声交流，有的则面带思索不言不语……

外面的夜色越发深重，我们教室里却灯火通明，大家心中翻腾的热气驱散了冬夜的凄清与寒意。

我知道他们一定有话要说，于是抛出一个话题："看了满黑板的'控诉'，我们作为家长，得抱团探讨一下，我们究竟该如何爱这群青春期的孩子。为什么明明那么爱他们，在他们那里却演变成了满腹怨愤呢？"

宁宁妈妈第一个勇敢地分享了自己的感想："学会闭嘴吧，学着用行动表达，孩子总会长大，他有一天会明白我们的良苦用心。"

彤彤妈也站起来了，有些激动，眼圈红肿，声音颤抖地说："我觉得我错了，太对不起孩子了，总是在埋怨和否定孩子。我得改，再不改，孩子会越来越糟糕。"

森爸也于沉默许久后抬起头来："我们都做得不好，我们总是在关注自己的感受，太自私了，不然孩子怎么会如此公开地讨伐咱们呢？我们的确得改改了。"

正妈也说了："我一看到黑板上他写的那首诗我就知道是写给我的，因为诗歌里有我的名字。我每天都在批评他，从来没有感觉到他竟然这么用心。"

涵爸也说道："唉，整天管孩子玩手机，却没管住自己，简直是太失败了！孩子看得一清二楚，不是孩子的错，是大人太不自觉了！"

……

就这样你一言我一语，家长陆续打开了话匣子。

时钟指针指到了夜里九点半，我不得不宣布我们的家长会得结束了，下次再谈，但还是有家长围拢了过来，想个别交流。我只说了一句："我们现在要做的就是，少说多做。现在我们需要给黑板改头换面，还孩子一份真正的爱，大家觉得我这个建议怎么样？"

"好！"几乎是异口同声，说干就干，几名家长迅速擦干净黑板，带头写下了自己的道歉与关爱，有人写下了对孩子的称赞和肯定，还有人写下了对孩子和老师的祝福与祈愿……

总之，没有一个家长写下埋怨和苛责。

"孩子，爸妈不对的地方请原谅，我们永远爱你。"

"我最喜欢你了，宝贝，你最棒！"

"我儿子最帅了，要勇敢和自信呀！"

"女儿,你永远是我们的骄傲,我一定努力做一个让人羡慕的妈妈!"

……

家长会之前的"吐槽黑板",摇身一变成为"表白墙"。我忽然也有些热泪盈眶,父母对孩子深沉的爱,不必什么豪言壮语,无须过多辞藻修饰,每一个字都有爱的温度。

第二天早晨,我特意早早来到教室等候,留心观察每个孩子的反应。第一个来到教室的孩子看了眼黑板大声惊呼;第二个孩子惊得捂住了嘴巴;第三个孩子埋头走进教室,在同学提示下抬头看到黑板后皱着眉头笑了;第四个、第五个、第六个……无一人不是"不敢相信自己的眼睛"的表情。

第一节上语文,听到孩子们还在意犹未尽地讨论,哪句话是自己爸爸写的,哪个字是自己妈妈写的,因为爸爸说话就是那个语气,妈妈写"的"字就是那样……我故意没着急上课,又给了他们五分钟的自由讨论时间。

然后,我笑着对他们说:"嘘,保持安静,想想昨天下午的你和黑板,再想想今天早上的父母和黑板,你想说什么,请写下来,题目自拟,字数不限。"

"好!"难得他们听到作文没有愁眉苦脸、怨声载道。刚发下作文纸,孩子们就迫不及待地写起来,仿佛有说不完的话。

我知道写下来比说出来更有意义,因为写作源于生活,真实情感寄托到文字上,才会变得不朽。

不出所料,孩子们的这次作文写得特别好,涌现出许多非常出彩的文章:嘉宁的《黑板"情话"》,题目新颖,内容感人;洪涛的

《她的爱不在黑板上》，用了"欲扬先抑"的写作手法；甜甜的《溢出黑板的爱》，文笔一如既往，清新中透着小幽默，一句"被风吹过的世界格外美丽，被爱暖过的黑板特别有意义"直点主旨；小健的《玫瑰色黑板》，将母亲带有责骂的爱比作带刺的玫瑰；文博写的《粉末里流露出的爱》，时而深沉稳重，时而幽默风趣；宇博的《磁铁黑板》，充满丰富的想象力，将"正负极""相吸相斥"活用于文中……

当爱流动起来，那将不再是寒冷孤单和薄弱。

当爱溢满亲情，那将永远生动精彩富有力量。

谢谢我们班的孩子，你们真实且勇敢地表达出了自己。

谢谢我们班的家长，你们宽容且勇敢地改变了自己。

印度哲学大师奥修说："玫瑰就是玫瑰，莲花就是莲花，只要去看，不要比较。"无须比较、无法言说、持续未完的不仅仅是我们班的故事，还有每一个参与其中的孩子、家长和我的人生。

家长会上的"神秘暗号"

每次阶段测试后,我们都要召开一次家长会。

发布完通知,我如往常一样询问:"这次你们想让我在家长会上说点什么?"他们几乎还是异口同声:"别说成绩就行!"忽然男孩小唐又补充了一句:"时间短点!"我笑着问原因,他答:"言多必失,老师你懂的!"

一句"老师你懂的"让我感觉很有意思,这或许就是我们师生之间的专属"暗号"吧。我们默契地互相点点头,彼此会心一笑。正是这偶得的一幕,打开了我策划一场"不一样的家长会"的新思路。

"家长会前,同学们每人在黑板上写一句话,作为你和父母之间的'神秘暗号',看看你的父母能否与你的'密语暗号'接头成功,检验一下他们是否懂你。"我提议道。

大家瞬间议论纷纷:"刺激啊,人性万一经不起考验,父母看不出哪一句是我写的,认领了别人的暗号,岂不是很尴尬?"

"好玩啊,我就写最近我常说的话,父母肯定能认领成功。"

"正好写写我想要的礼物,我说过好几次了,不知他们有没有在意过。"

"我就按平时和他们说话的语气写,他们一定能猜出来。"

"我就写一串数字,保证他们能看出来是我的生日。"

"我想知道是我爸爸还是妈妈来参加家长会,因为我和他们平日里沟通的话题不一样。"王同学忽然抬头看向我,然后借用我的手机给他妈妈发去信息确认,在得知是爸爸来参加家长会时,他瞬间眉开眼笑:"我知道要写什么了!"

家长会那天,我们把班级的桌子有意排成了一圈,座位不分前后,也不必考虑何处是"C位",来到即可入座。我首先在黑板上写下了数字编号,让同学们选择自己喜欢的编号位置,并写下一串或文字或数字的"神秘暗号",然后让他们退出教室,等待家长的到来。

家长来到教室后,都带着愉悦的表情,他们说看到桌子的排列,有种"新年茶话会"的感觉,很轻松,不紧张。我心想,这不正是我们这场家长会想要的氛围吗?就如同要把课堂还给学生一样,我打算把家长会还给家长。

等大家签到完毕,都坐定之后,我把问学生的问题再次丢给家长:"你们想让我在这次家长会上说些什么呢?"有的家长抿嘴笑而不语,有的直言不讳:"说说孩子以及咱班考得咋样。"还有家长眉头不展道:"说说小孩到底需不需要上辅导班吧……"

我深吸一口气,和各位家长分享孩子们对这一问题的不同答案,并有一说一地表达自己的想法:"我们其实有好多机会好多方式来分析这次成绩,可以选择电话或者信息沟通,不一定非要搬到今天这场家长会上来;你们和孩子更是有好多机会和方式来分析这次成绩,而非在这场家长会上当众从我这里打听排名或者征询是否要上辅导班。我不是说不关注孩子们的成绩,只是想让各位家长和孩子们保持态度一致,告别对立。为什么无论学习成绩好坏,学生都不希望老师在家长会上分析成绩呢?或许他们认为那是他们的隐私,不该尽人皆知;又或许是他们认为在家长会上无论受褒扬还是被批贬,都不那么讨人喜欢。各位家长,你们觉得呢?"

大多数家长默默地点头,表情中带有猜不到我们这场家长会到底要做什么的疑惑。我接着用手势引领家长看向我们的黑板,交代了这专属背景,然后要求他们挨个登台,先做自我介绍,再认领自家孩子留下的"神秘暗号",并说明"接头证据",最后合影留念。我话音刚落,刚刚还沉寂一片的家长们便纷纷活跃起来:"哦,原来黑板上的字是暗号啊。""这板书和纸上写的不一样,好难分辨啊!""关键得看暗号内容啊,不能看字迹。""这个环节真好玩,多年不爬黑板了,今天再体验一把。""咦?怎么有好几个暗号内容那么像啊?比如'想吃好吃的'那条。""那还用说,都是年纪差不多大的孩子,想法都大差不离。"……

看到家长们自觉又热烈地进行着小组讨论,我就静静地站在一旁守候、倾听。直到看他们特别笃定某个"神秘暗号"是自己孩子留下的时候,我便把舞台交给他们,让他们轮番展示。

"这句'妈妈,爸爸什么时候回家'一定是我闺女留下的,这是她每次到家必对我说的话,她和爸爸感情好得都让我嫉妒,爸爸因为工作忙在家时间少,但是只要有机会他一定会好好陪着闺女。"小格妈妈自信又幸福满满地说道。

"这句英语是我儿子留下的吧,他想表达的意思我能看懂,但是在'is'和'English teacher'中间少了一个不定冠词'an'啊,这肯定是他没想到的,我回家得和他好好交流交流。"小杰妈妈带着小女儿一起登上讲台，微笑着说道。

"我确定这句'帮我拿快递，漫展要用'是女儿留给我的接头暗号。她可是临沂漫展圈里小有名气的达人呢，其实我一开始也反对过，后来看她是真的喜欢，于是干脆陪她一起入圈一起去参展，我们母女关系变好了，没想到她学习状态也越来越好了。"小雅妈妈自豪地分享着她和女儿的故事。

"相信大家都有意外收获吧，在教育孩子这条路上，我们都是同路人，青春期孩子的问题大同小异，关键看我们采取什么态度和方式支持和引领他们。"我也及时插播了一条感想。

"我觉得这句'我饿了，吃的到了吗'是我女儿留的暗号，因为我的生意在南方，我和她妈妈经常会两地跑，照顾不上她的时候太多了，不能给她做饭就给她点外卖，她最常问我的一句就是这个，说到这里我觉得挺亏欠女儿的。"小湘爸爸说着说着有些哽咽了。

大家都给他掌声，鼓励他继续表达自己的想法。谁料他把外套的两个兜一外翻，竟然变戏法一样变出了小零食，他说："每周末我来接她回家，都会给她装一点小零食。"大家的掌声更热烈了，这位没有多少华丽语言的爸爸，用行动诠释着父爱的深沉与伟大。

"我看了一圈，这句'妈妈，我想买鞋'是我儿子写的，上周他刚刚说过。"小源妈妈自信地说道。

"啊？我家孩子也一直说这句话呀，他一直想要一双什么鞋，我一看挺贵的，一直没给买，我觉得这是我儿子说的。"小楠爸爸也很笃定。

"啊？我还觉得是我女儿写的呢，她也说让我给买鞋，我还没来得及买呢。"小琳妈妈皱着眉头说道。

这就好玩了,三位家长争相认领同一个"暗号"。小然家长一副"看热闹不嫌事大"的表情开玩笑道:"别争了,这周都给孩子们安排上,看把孩子们急的,都把'暗号'明着写黑板上了。"

"哈哈哈!好啊,安排上。"几位家长和气满满,其乐融融。

"我有点难选,这黑板上有两条写足球的,干扰选项让我很难抉择。'中国 VS 泰国最后 2:1',这场球是我和儿子一起看的,他肯定印象深刻;但是'别盲目长传'这一条好像又是我们一起踢球时儿子经常说的话。"小霄爸爸很严谨地分析着,也让我们了解到他和儿子日常的相处。

我们的"神秘暗号"认领环节精彩不断,家长们也越来越放松,站在台上分享着和孩子在一起时的欢乐和忧伤。最后,我们黑板上的"神秘暗号"还有六条无人认领。其实认领得对不对已经不重要,大家围坐在一起,言说孩子们的"暗号"背后隐藏的故事,已是莫大的收获。

如果我们的孩子愿和我们"闲扯"一些事情,这是很珍贵的,他们释放出来的"神秘暗号",一定是他们所思所想。这是我们作为家长了解他们、走进他们的世界从而帮助他们的重要契机。家长们也纷纷表示,以后要认真听孩子说话,和孩子保持一致的成长状态,等会儿见到孩子的时候,一定给他们一个温暖的拥抱,用行动告诉他们,父母温暖的陪伴一直都在,从未走远。

我们的家长会就像一篇散文一样,形散神不散,家长会结束了,家庭教育却没有结尾,因为我们才刚刚开始。

奖励一个"创意"

王充在《论衡·超奇》中有言:"孔子得史记以作《春秋》,及其立义创意,褒贬赏诛,不复因史记者,眇思自出于胸中也。"由此可见,创意的可贵之处在于思维碰撞、智慧对接,在于打破常规、破旧立新。在我们的班级管理中,师生如果用好"创意",便可彼此"赋能"。

新的学期,为调动学生的积极性,满足他们展示自我的要求,挖掘自身潜力,我们班继续推行了小组奖励制度:全班共分十二组,每组四人,奖励排名前四组,每周一奖,当周清零,下周重计,保护同学们的进取心。当小组团结一致,按照日常表现量化积分在小组竞赛中脱颖而出的时候,我们除热情而有仪式感的夸赞外,还有一个不到最后展示呈现环节,谁也不知道是什么"创意"的奖励。

奖励送给谁

奖励之前,我先做了个班情调查,这群十二三岁的孩子,果然不出我所料。

我问:"谁会做饭?会的请举手。"一大半学生没举手。

"你想做饭吗？想的请举手。"不超过十名同学边环顾四周边小心翼翼地举起手。

"你们家的家务谁干？主要是父母干家务的请举手。"同学们笑着都举起了手。

"你最想要的奖励是物质奖励还是精神奖励？想要物质奖励的请说出奖品名称。"接着我就听到来自四面八方的欢呼和叫好声："来一套游戏皮肤吧。""要求不高，一套乐高。""赐我一副蓝牙耳机。""不知IPAD可不可以？"……

我一直笑，没有打断他们。等他们说了个畅快，仿佛意识到扯得太远然后集体安静下来时，我紧接着问了下一个问题："大家都有自己想要的奖品，有谁知道我们的家长最想要什么奖品？"同学们若有所思，接着有人小声议论："他们想要我们好好学习""听话别惹事""考个好高中好大学"……当我听到有同学说"长大了回报他们"的时候，我及时帮他们收尾："非要等我们长大才能回报他们吗？大家有没有发现，我们想要的都是物质，而父母想要的却不是，他们最想要的不过是我们的理解和回应。"同学们低头不语。

我趁机问了最后一个问题："如果在选择自己想要的奖品和送给家长的奖品之间二选一，你会选哪个？"这次大家没有丝毫犹豫，一起喊道："选送给家长的。"

"好，我们班这次就来个创意奖励。"我故意卖起关子。

"奖励什么？"同学们饶有兴趣地问。

"奖励你们一个'创意'。"我继续激起他们的想象。

班长抱来奖品的时候，同学们还在兴奋而激烈地讨论箱子里装的是什么。打开箱子的那一刹那，同学们笑了："啊，茄子！西红柿！

豆角！土豆！哇，竟然还有大葱！"

"新鲜的蔬菜，新鲜的创意。我们每周的奖励是'为家人赢一盘菜'，菜品自选，周末回家求教或自学厨艺，亲手为家人做一盘菜，全家一起品尝你的手艺，可以选择用文字或者图片、短视频等方式记录下来并在班级群里分享，看谁最富有创意。"我静静地说着，同学们安静地听着。

"真是新鲜又好玩，上了这么多年学，我还是头一回接受这种奖励。"拿到奖品的同学如是说。

创意无限大

每逢周五离校的下午，我们班的路队自成一道风景。同学们走得整齐而自信，步伐轻快而坚定，尤其是收到奖励的孩子，无一不是面带笑容，他们把蔬菜放到行李箱上或者紧紧攥在手里，迎接来自他人惊讶与羡慕的眼神和询问。"你咋拿着一袋青菜？""我们老师奖的。""你拿芹菜干吗？""这是我给爸妈赢的奖励。""嘿，你为啥拿着俩茄子？""这是我的奖品，我回家要给我妈做红烧茄子。""你为何拿了一根大葱？""大葱咋了？可以炒万物。"……

周末的班级群里，又是一番热闹温馨的场景。同学们纷纷在群里晒自己第一次炒菜的图片和视频，从一开始同学只发一张成品图，到后来更多同学发拼图或者创意VLOG，有始有终地记录全过程；从最初常规报菜名"清炒胡萝卜""红烧茄子""洋葱炒肉丝"，到后来起创意菜名"胡萝卜遇大虾""凉拌茄子君""当带鱼爱上大葱"；从只会做一道家常菜到慢慢完成一道道创意菜，可爱的孩子们将一次次做饭"内卷"成了丰富多彩的样子。

有越来越多的家长毫不吝惜地发表着自己鼓励和称赞的评论,有好多同学在周记本或者作文里记录自己第一次炒菜的心得和体会,还有一些没收到奖励的同学也暗暗表示下周一定要努力,为家人赢一盘菜,为自己赢一次瞩目……每每看到穿着围裙有模有样认真做菜的孩子,端着自己创造出来的一盘菜露出灿烂模样的孩子,围着饭桌其乐融融共享饭菜的一家人,还有评论区来自家长的善意支持与点赞,我的内心就会生出无限的温暖和幸福。

人民教育家陶行知说过:教育只有通过生活才能产生作用并真正成为教育。生活与生活一摩擦便立刻起教育的作用,摩擦者与被摩擦者都起了变化,便都受了教育。教育不能仅片面地视为学校教育甚至文化课的教育,教育应该有更接地气的内涵,孩子们无时无刻不在生活中发现自己,或者努力学会生活和适应生活。"生活即教育,社会即学校"的核心理念引领着我们构建生活化的班级管理理念,就小组奖励的创意来讲,我和我的学生共同在生活中学会了学习和成长:他们团结奋进,加强自律,在学习和日常自我管理中为小组赢得分数,为家人赢得奖励,这有效地提高了班级凝聚力和感恩意识;他们尝试着自己动手,第一次择菜、洗菜、拿起菜刀和锅铲,这有效地提升了他们的动手实践能力;他们尝试着和父母交流学习,研究如何让一道菜变得既好看又美味,这有效地增强了他们的沟通能力和审美意识;他们将做菜的过程记录并制作成精美的视频或者写成作文,又在不经意间熟练掌握了现代媒体应用技术或提高了语言文字表达能力;而我也在同学们的创意中收获乐趣和反思,开始培养自己的孩子动手做家务,记录孩子们一点一滴的进步,鼓励孩子们尝试将自己的创意"变现"……

钱从哪里来

"人有两样宝,双手和大脑,双手会做工,大脑会思考。用手又用脑,才能有创造。"陶行知先生的这首儿歌,用朴素的语言总结出我们人类最无价的两件宝贝,也彰显了创造对于一个人的发展是何其重要。

当有人问及我们班小组奖励的钱从哪里来时,最初我极不好意思说买菜全部由我自费。之前阅读班级管理方面的书籍,书中那些优秀班主任总结的班级管理艺术总会有触动到我的一两点;每次参加各级各类培训,我也总会收获那么两三条自己最想尝试的创意奖励。比如说"请学生吃一顿饭""和学生看一场电影""送一本书""组织一次旅游"等都是不错的奖励创意,前些年我也都曾尝试过,收效也不错。可是综合考虑各种安全因素,好多活动无法得到很好的开展,只能"求新求变"。随着我和学生们的智慧碰撞,我们的奖励就变成了更有创意的"为家人赢一盘菜"。现如今我和我的学生可以骄傲地回答:"我们创立了班级银行,存款全部是我们自己劳动所得,有专人负责款项预算和收支。"

班级银行成立之初,"行长"和班委负责人就发出了"存五元得更多"倡议,约定好同学们的五元存款不能是压岁钱,必须是自己的劳动所得。同学们纷纷讨论着是否会有"更多利息",我代表班委解释了"更多"的真实含义。"更多"是无法用金钱衡量的东西,比如"赚钱经历""创意""奖励""亲情""友情"等,都可以理解为"利息",因为我们的辛勤付出总会带来意想不到的收益。

在筹款建成班级银行之后,我们特意召开了"赚钱记"为主题的分享会，让更多同学分享他们的赚钱故事，从中体会他们父母的钱来得多么不易。有的同学选择用文字写下自己是如何收拾杂物，再费力拖到废品回收站才辛苦地赚到了二十五元钱的经历，表示虽累但是很快乐；有的同学选择用视频记录的方式拍摄自己勇敢地走到陌生餐馆，乞求老板给自己一个机会，端盘子一个小时才赚到了宝贵的五元钱，拿到钱的那一刻激动到泪流满面；有的同学用讲故事的方式，告诉我们他竟然很幸运地捡到了别人的钱，还给失主的时候，别人要给他五元钱感谢费他毅然拒绝，最终还是靠自己的努力卖瓶子和纸箱挣到了五元钱；还有的同学说自己以前从来不做家务，为了挣到五元钱，花费半天时间打扫了所有房间，最后腰酸背痛，他恍然得知妈妈每天都在重复这些事情，而没有人给过她任何回报……

创意进行时

有了班级银行之后，我们"为家人赢一盘菜"的奖励变得更有"人间烟火气"了。买菜再也不用我从手机超市下单，菜品也不再由我来选择，而是完全由同学们自主操作。获奖的小组派出代表，选择周四下午的课外活动时间，在班级"行长"和我的陪同下，一起前往学校附近的菜市场，他们一路上商量着自己家人的喜好，结合"银行"的财力，分析自己的实力，全心全意地为家人们"点一道合适的菜"。

当我们到达菜市场时，这群穿着校服青春阳光的孩子俨然成了一道亮眼风景线。很多摊主都向他们投来欣赏的目光，以为这群孩子是来市场做宣传，而不是来买菜的。孩子们商量着，避开了商贩，选择了老人看守的摊位。他们有礼貌地向老人问好，询问菜价，并善意地买了摊上剩余的蔬菜，好让老人早点回家。我看见孩子们稚气的脸上显现出的善良，也看见老人看向这群孩子时，苍老的眼中尽是疼惜和感激的光芒。

我什么也没说，跟在这群孩子后面，时不时地帮他们拍照记录。他们根据预算和小组人数，将蔬菜分袋装好，清点后发现还不够，又转向下一个摊位。他们商讨分工，有人和摊主聊天问价，有人认真地挑选冬瓜、土豆、空心菜，"行长"则拿紧了自己的"钱袋子"，听到摊主大娘不住地夸赞"这孩子真好，长得真好，说话真好，我没见过这么好的孩子"，我感到由衷的欣慰。

周五离校前最后一节自习课是我们的奖励时间，同学们看到了更多新鲜的蔬菜，听参与买菜的同学的见闻分享，期待下次外出的能是自己。获奖小组参加了有仪式感的颁奖典礼，所有同学都收到了采购小组的暖心礼物——棒棒糖。

他们笑啊，闹啊，一边吃着糖一边商讨着：班级银行还有多少钱，是不是又需要赚钱了，自己小组该努力了，下周一定为家人赢一盘菜……

"他山之石，可以攻玉"，要成为一个富有创意的班主任，我认为关键还是乐于学习和借鉴他人的智慧并敢于实践，于实践中不断创新和调整。激发一个班级一群人的潜能，从一个创意奖励开始，奖给他们一个"创意"，延伸出不同寻常的经历，形成属于自己班级独一无二的珍贵记忆。

会说话的小菜园

新班级刚成立一周,就有几个热心家长问我:"咱班级绿化需要些什么绿植吗?"仿佛我这边一说出名称,他们很快就能为班级置办齐全。

我想了想,对他们说:"我想让我们班的绿植也会说话,有咱班的特色,我想建一条有意思又有意义的班级绿化带。""这也太难办了,什么样的植物能说话?老师的意思就是咱班绿化也得有创意,对吗?那我们几个得好好动脑想想。"几个家长立刻犯了难,我安慰他们,不必着急,我们再和思维活跃的学生们商量商量再说。

三周后,家长们热情地向我反馈:"我们几个家长商量着,让每位同学带一盆属于自己的绿植,起上自己喜欢的名字,够有创意吧?"我诚恳地回答:"我之前这样做过,很多同学都是买了市场上移栽的小绿植,几天就蔫了,最后我们教室里剩下了很多空花盆。""那我们实在想不出来了。""别急,我们再想想,我们的教室也不是新教室,也没有什么新的物件,秋天我们也会开窗通风,大家不用担心甲醛超标,等我们再想想种点什么更好玩。"没想到我的一句安慰竟然"抛砖引玉"了,有家长立刻联想到了我们的"为家人赢一盘菜"活动,思维碰撞产生交集，便得出了答案——种菜。

紧接着问题又来了，"种到哪里呢？总不能让每位同学种一花盆菜吧？""大家不用愁，网上啥都有。"家长群里有"资深"网购达人，她大显身手，很快就选定了适合放在教室里的"小菜园"。

劳动是真的能创造美和快乐。自收到快递，孩子们脸上的笑容就没消失过，他们为能亲自参与种菜而欢呼雀跃，他们分小组拼插出自己的"小菜园"，集体想名字并且绘制标识牌，他们商量着种什么、上网查询种植方法，他们分工明确，谁买种子，谁泡种子，谁松土播种，谁浇水施肥，然后他们小组合作创作出《种菜笔记》，详细地记录了种菜的前前后后：拿着小直尺测量覆盖土层厚度的认真，两天后发现种子发芽的惊喜，有的小组想到了利用"塑料大棚"增温的智慧，几个同学一起观察小苗长高的欣喜，期待小菜长成的美好愿景……他们躬身实践、务实探究，通过劳动"丈量"自己身处的世界，潜移默化地养成在未来能幸福生活的能力。

这"小菜园"会说话吗？你最初的想法不是要会说话的绿植吗？或许有人会这样问，那就听我继续分享。

我们的"小菜园"被学生写进了作文里，孩子们写着真实的感受，每一个字、每一句话都源于他们的亲身经历，因而富有生命力和感染力，都变成了"会说话"的小精灵。有同学在周记里告诉我，他终于真切地看到了朱自清笔下"嫩嫩的，绿绿的"，也明白了"闭了眼，树上结满了桃儿、杏儿、梨儿"的那种想象，因为他也能"闭上眼睛仿佛就吃到了自己种的菜"，他一下子明白了原来"写作真的来源于生活"。

我们的"小菜园"被同学们口口相传，隔壁班的同学听说之后来我们教室参观，同学们便热情地接待和讲解。"这是我们自己种的菜"，洋溢在他们脸上的自豪和幸福，正是他们内心充满自信的最真实写照。

我们的"小菜园"真的变成了富有创意的"班级绿化带"，十二个小组的小菜园争相献绿，小菜长势喜人，再配上同学们给小菜园的命名，让人顿觉青春和生命的美好。"开挂了的菜园"和"艾莎的小白菜田"种的是奶油小白菜，"阳光油菜园"里种的是小油菜，"这个菜园有点菜"里种的是莜麦菜，"1412试验田"里种的是生菜……

我们的"小菜园"也成了学生和老师沟通的"小开关"。他们因为种菜，多次向生物老师请教，继而和老师成了好朋友，收获了"单子叶植物的种子要种得深一些，双子叶植物的种子要种得浅一些"这样的知识，从此充满了对生物学的学习兴趣。

我们的"小菜园"还成了增进亲子关系的最佳话题。家长们反馈在周五接孩子回家的路上，孩子们会一直分享自己小组种菜的那些快乐小细节，周一返校的路上，孩子们惦记最多的也是"不知我们的菜长得怎么样了"。家长们看着孩子开心，自己也变得轻松快乐，还可以从孩子的讲述里更加了解孩子们的校园生活。

我们的"小菜园"被定格成一张张照片，配上它们的主人，再连成一帧帧影像视频，被传播到班级群、朋友圈、视频号里，更多的人感受到了我们"种菜"的乐趣和意义，看过的人说的每一句支持的话，都是对我们的鼓励和莫大的支持。

你好，盲盒

新学期，我们班的小组奖励也与时俱进换了新形式，由班委和班级银行统筹规划，无论是物质层面还是精神层面，不再是奖励老师"想奖励的"，而是换成了学生"想要被奖励的"，这极大地激发了学生"想要什么就要学会自己努力去争取"的积极性。

几周过后，我发现，学生从最初选择薯片、奶茶、糖果等零食或者笔、本子等文具，渐渐转为选择"减少周末作业""得到老师的当众表扬""获得更多自由活动时间"等，可以说是从物质需求转向了精神需求。进入青春期的初中生需要的东西已经从"统一性"的表象悄然转为"个性化"不确定的实质需求。他们想得到更多"不一样的待遇"，以获取"优越感"和"满足感"。

直到有一天，班里一位同学奇思妙想说自己想要的奖励是"一道考试真题"，让我顿生了"盲盒奖励"的想法。虽然他是用玩笑的语气讲出来，没想到却引发了大家的共鸣："我要一道数学测试真题""我要一道物理的""我要一道英语的""我不挑，哪一科都行"……看着他们七嘴八舌的议论，我顿感欣慰：没想到，我们的奖励既能让受奖励的同学与众不同，还能与没得到奖励的同学共享学习乐趣，真是一举两得！我赶紧提议，给同学们做一些"盲盒考点"，装入某一学科的知识点或者考点。他们在平时小测中获得的优异成绩能累积到小组分数内，其他同学也能凭借自己的"沟通交往"能力获取考点，在班级内形成良性竞争。同学们纷纷表示赞成，并一起为我们即将到来的奖励起了一个美好的名字"你好，盲盒"。

不出所料，我们的"盲盒考点"大受欢迎。我先是从网上购置了一些"励志文字创意DIY自制刮刮卡"，将各学科知识点及考点，书写在卡片上，再用涂层贴遮盖起来，然后让受奖励的学生抽取卡片。"哇，是语文！""我的是生物！""我的是数学！"他们的快乐和幸福肉眼可见。"我看一下可以吗？""数学是什么考点？"无缘卡片的同学用"讨好"的语气询问着，好奇心和求知欲一目了然。

与此同时，同学们在期待、思考与分享的过程中，也满足了更多的情感和心理需求。

这就是盲盒的魅力所在，神秘感和不确定性激发了学生的好奇心和期待感。心理学上讲，当人们不知道将要发生什么事情时，大脑中的纹状体就会变得活跃，激励我们去探索，并期待自己的探索能得到回报和奖励，结果的好坏并不影响我们对这种探索的渴求。

紧接着，我们班又推出了一项"盲盒试题"活动。恰逢复习阶段，这项活动旨在让学生形成整体把握学科知识点的思路，从自身理解的角度出发，在命题材料、赋分标准、答案制定和生活实际之间找到契合点，深入思考、综合分析，科学规范地设计出专属于自己的一套题目。每位同学既是自己试题的出卷人又是阅卷人，并能成为别人所出试题的答卷人，在批阅之后阅卷人还要为答卷人写下一句寄语，每个人摇身一变又成了"祝福使者"。我所带的两个班级为参与者，出卷人出好试题之后打乱顺序，进入"盲盒"模式，答卷人作答自己抽到的题目，再交给出卷人批阅，在一来一往中，同学们体会到了前所未有的新奇感和乐趣。

"盲盒试题"不仅仅是一种测试，更像是一种互动的社交。因为谁也不知道自己出的卷会由谁作答，而自己又会答谁出的卷，更无法预料阅卷人会给自己写下什么样的祝福。这种"未知"的规则提升了同学们对"盲盒试题"的渴望和期待。由于出卷人的风格不同，这种独特性又吸引了答卷人渴望收到一份自己喜欢的清晰而又有技术含量的试题，反过来又促进他们作为出卷人的时候去做得更好。

"盲盒祝福语"环节更是可圈可点。同学们积累的好词好句都派上了用场，无论是心灵疗愈的鸡汤文，还是雄心壮志的励志文，他们在自己出题并批阅的试卷上写下自己的祝福，最后当成礼物诚挚地送给答卷人保存，这种互动，看似是知识点的互通有无，实际上是同龄人的相互勉励，让每个参与者感到属于他们那个年龄段的快乐和满足。

再后来，我们又进行了"你好，盲盒"之"盲盒古诗文听写大赛""盲盒幸运公仔发放""盲盒生日祝福"等系列活动，收效都不错，我和学生都在"盲盒"带来的小确幸中收获成长。

电影《阿甘正传》中有这样一句经典的台词："生活就像一盒各式各样的巧克力，你永远不知道下一颗将会是哪种口味。"如同我们师生所经历的"盲盒"系列实践活动，其中的乐趣和惊喜只有我们自己能体验到。人生充满了不确定性，生活有无限可能，我们只需在内心深处根植把一件事情做好的欲望，激发内在动力，做好自己能做的，积极准备着，全力以赴着，静待奇迹的发生。

小活动，大成长

作为班主任，发挥所教学科特点，组织和调动学生开展丰富多彩的实践活动，往往比普通任课教师有更大的优势，收获也更多。

拿我来说，在教好语文的同时，在曾任班主任的班级组织并开展过多次围绕语文学科核心素养的系列活动，如"汉字听写大赛""古诗文大赛""主题演讲比赛""百家讲述""课本剧展演""辩论赛""名著分享会"等。每次活动都尽可能地为每名学生提供适合他们主动参与、亲身实践的活动舞台，让他们有较多机会根据自己的兴趣和特长进行选择。在活动的过程中，将学习的自主权真正还给学生，尊重学生的个性，鼓励他们的创意，突破传统教学在时空、内容、手段等方面的封闭状态。活动评价方面注重"经历大于结果"，倾向于让参与者感觉到"值得""各展所长"和"我们都很棒""下次会更好"。

通过这些活动，学生们激发了各自的潜力，发挥了自己的创造力，形成了自主学习和创新的意识，提升了合作学习和人际交往能力，建构了属于自己的、有机的知识结构。他们因活动而成长，综合能力获得了极大的提升。

这个学期，我们开启了八年级语文第一单元的学习，在研究"单元导读"时，我和学生一起商讨出了这个单元的两大学习目标：一是新闻阅读与鉴赏，二是新闻采访与写作。第一个目标用时三天，我们通过"重点阅读""对比鉴赏""分享时政"三个活动，了解了新闻常识的"恒定性"，又意识到新闻本身的"灵活性"，这个目标的完成为后面的采访和写作目标的达成提供了知识和技能的储备。第二个目标，是由"静"到"动"、由"知"到"行"的进阶，同学们按学习小组划分，自主学习采访的技巧以及注意事项，商讨、拟订并完善小组采访提纲，然后利用课余时间与采访对象进行预约对接，再根据预约安排进行现场采访，做好采访记录，最终小组齐心协力完成人物特写或者通讯稿。最后这一关历经写稿、修改、定稿三个步骤。

活动历时十天，圆满落幕，这期间发生了许多值得一记的故事。

第一个故事，我取名为《碰壁》。

"老师，我们总是预约不上刘老师，该怎么办？"小组里领头的那名学生刚进办公室，便皱着眉头向我诉苦。

"是什么原因导致咱们预约不上呢？"我问。

"刘老师太忙了，他的课都集中在这几天，空闲课间也被其他小组预约了，他好像委婉地拒绝了我们，我们就没有机会了。"小姑娘说起理由，竟然委屈得泪眼汪汪。

我赶忙给她递上纸巾，耐心且温和地开导："是不是体会到了新闻人的不容易啊？你看，每个行业都有'壁垒'，关键是我们得积极寻找出口，不能坐以待毙。比如说，我们退一步，和刘老师商量下将时间往后推迟一下可以吗？"

"换一个采访对象吧，刘老师这么忙，又是同学们采访的'焦点'。"这时候，小组中的另一名同学开口了。

"哪能这么容易换啊，我们辛苦商定的采访提纲不就作废了吗？"打头的小姑娘情绪有些失控地嚷起来。

"走，咱们再去预约下周试试，说不定就能成功呢。"小组的另一名成员开始缓和组内矛盾，和我道别之后，拥着那两位同学走出办公室。

事情过去一天，他们没再来反馈情况，我以为他们的采访活动进展得很顺利呢，正想主动问一下，结果又与小姑娘"撞"在了一起，原来她是这次采访活动的记者和最后定稿人。

"老师，我们组的新闻稿实在是没法看，虽然我们约到了刘老师，但是他说我们问的问题别的小组都问过，所以回答得有点简单，还让我们去借鉴其他小组的答案。其他小组根本不跟我们分享，他们说那是他们的一手资料，所以到现在，我们小组就只开了个头，没有更多素材可以写。"又是小姑娘先"诉苦"，我耐心倾听。

"你们辛苦啦，好不容易过了采访关，又迎来了写作关，老师特别理解你们的感受，我倒是有个建议，可以丰富你们的素材。我们不妨借鉴一下前面阅读过的新闻特写《'飞天'凌空——跳水姑娘吕伟夺魁记》，里面有观众的反应和外国记者的评论，这能不能给你们带来新的思路？"我看着她微笑地说。

"侧面描写！对呀，我们可以再去采访刘老师办公室的同事或者同学们，问问他们眼中的刘老师是怎样的形象。最后整理一下素材就可以写了，谢谢夏老师指点！老师再见！"话音刚落，她就一个旋风回转，跑出了办公室。

后来，这个小组的新闻稿上交，里面写到了"一波三折"，也写到了"碰壁方知觉",或许这就是本次活动对这个小组最特别的意义,他们懂得也学会了,积极寻找出口才是面对现实的最佳方式。

第二个故事叫《意外》。

"老师,我们来跟您报备,下一节自习课我们要去采访学校南门的门卫。"一个全是男孩的小组来办公室和我说明情况。

我以为他们已提前约了,于是点头应允了他们自习课的请假。

过了半小时左右,他们脸色有点沉重地回来了。

"怎么了?没有采访成功吗?"我关切地问。

"被赶出来了,门卫让我们赶紧回来上课,他们说有工作纪律,不方便接受我们的采访。"男孩小文说。

"你们之前是没有预约吧?采访注意事项中第一条就是要求和被采访人提前沟通预约。"我轻声说。

"我们以为他们整日闲着,随时都可以接受我们采访呢。"小组里一个调皮的男孩倒是心直口快。

"不过我们偷偷观察了一下,他们真的是纪律严明,除了有两人在门口认真执勤,每隔几分钟还两人一组轮换着围校园转一圈,确保安全。"不等我说话,小文开始和我诉说。

"所以呢?你们就是在他们'确保学校安全'过程中被'驱赶'回来了?"我轻松地打趣。"是的,他们赶,我们就逃,误打误撞跑到了学校医务室门口,我们灵机一动,就采访了我们的校医,算是意外收获。"小文继续说道。

"是挺意外的,采访到了为何还一副不开心的样子呢?"我继续问。

"也不是不开心,就是被校医感动到了,我们进去的时候她正在写什么,一见我们就关心地问我们怎么了,哪里不舒服还是受伤了。我们说明来意后,她放下手中的笔,端坐在那里,微笑着说,'只要你们没事就好,我愿意配合你们的采访。'因为临时更改了采访对象,所以提纲上的问题都没有用到,我们就像闲聊一样,却意外了解到一个普通的人拥有着一颗高贵的心,她说不管是在哪里工作,她都记得她是一名医生。这些话,让我们感觉很意外,这之前,我们一直以为她不是真正的医生。"小文一脸认真地和我简述他们的感受。

后来,他们的新闻稿出来了,标题是《平凡中亦有伟大》,文字里有"意外",有"感动",更多的是"收获",我想这场意外的采访会深深烙印在他们小组每一名成员的记忆中。

第三个故事叫《由衷》。

"老师,我们和上学期的宿管老师预约成功了,今天下午就能采访他。"我们班一个小组前来向我汇报。

"宿管老师?就是那个因你们调皮捣蛋气得经常苦口婆心教育你们的王老师吗?"我饶有兴趣地问。

"是呀,这学期不归他管了,我们很想他呢,刚刚我们去预约,他很开心地答应了,说中午忙,下午可以接受我们的采访。"男孩小霄开心地说。

"好啊,或许王老师和我一样,感觉八年级的你们忽然间就长大了呢。"我笑着说。

等他们采访归来,他们的喜悦和激动之情溢于言表,争相和我诉说:"老师,惊天大新闻,我们的宿管老师曾经是军人!他明明可以'武力'震吓我们,可他总是耐下心来给我们讲道理,我们由衷地佩服他!""宿管老师讲话真是太有水平了,他说过去他是保卫国家的,现在他是守护大家的,真让我们由衷敬佩呢!""宿管老师还一直维护您呢,他说班主任很不容易,让我们服从管理,却只字不提自己的不容易,他一定也因为我们不听话而受过领导批评,我们由衷地理解了他。"

我想,"由衷"能成为高频词,大概是因为这个小组在采访结束的路上,一直互相沟通着自己由衷的感受。

他们小组的新闻稿中,"设身处地""将心比心"成为主流词,发现他人的优点,意识到自己的不足,这或许是他们在这场采访活动中得到的最"由衷"的教育。

随着时代的发展,"课堂"的含义变得更为广泛,学习的发生变得更动态化,传统意义上的"一本教材""一间教室"已经满足不了时代对人才的需求,学生的学也不再是被动的接受性学习,而是以主动参与、主动思考、主动探索、主动创新为基本特征,以具有教育性、创造性、实践性、体验性的主体活动为主要形式的发展、建构过程。这就要求教师引领学生在综合、多维、连续的活动中,领悟知识的内涵,掌握其规律,提升自信心,勇于积极探索创新,涵养高雅情趣,学会审美创造。

"以活动促学,学以致用,用以成长"是新课标的要求,更是新时代的呼唤。

"心之碎片"游戏班会

在瑞士心理学家皮亚杰看来，游戏并非独立的活动，而是智力活动的一个方面，正如想象和思维的关系一样，是儿童发展不可或缺的一部分。

游戏不是小孩子的专属，也不是室外活动课程的专属，拿一节普通的初中班会课来讲，我作为班主任只是突发奇想，加入了一个让学生亲身参与的小游戏，竟收到了意想不到的效果。

那天，我原本打算召开一节主题为"正视青春期男女生交往"的班会，思考了好几个方案，但还是脱离不了那些传统的理论说教，记得有次我提到了"交往有度"，学生说那是《道德与法治》课本上的知识点，谁不会背呢，然而并没有什么用。我绞尽脑汁，信手在纸上画着图形，一会儿是圆形，一会儿是方形，最后定格成了心形，连续画了几颗心，还是没有思路，便想把这张草稿纸撕碎再重新构思。撕着撕着，我竟然有了新的创意，何不陪着学生来一堂拼图游戏班会呢？

班会时间到了，我带着一些自制的稍显简陋的碎纸片来到教室，故意卖个关子，让学生们猜测我手中这些碎纸片是做什么用的。他们都摇摇头，但看得出来都很感兴趣。我接着问有谁愿意到讲台来玩一个拼图游戏，没想到，跃跃欲试的人很多。

我笑着把碎片分成三堆，最少的五片，有一堆是六片，最多的也不过八片而已。我先邀请手举得特别高的三位同学上台，不等我说话，他们便胸有成竹地自选并开始了拼图游戏。果然不出我所料，三分钟过去了，台上的同学急得抓耳挠腮，竟然无一人拼图成功，可是他们无一人开口问我，一直手拿碎片，左拼右凑，时而皱眉时而叹气。又过了三分钟，台上台下的同学都傻眼了，这是什么"神仙拼图"？到底要拼成什么？究竟该怎么拼？

"老师，这本来是个什么图形？"台上的一位同学终于忍不住问我。

"问得好，这原本是一颗颗心，可惜碎掉了。"我回答。

"哦，心形啊，心形好拼。"性格急躁的他并未继续追问，又开始了七拼八凑。

"老师，你也没给仿照图，你剪的纹路不清晰，有的碎片上有字有的却没有，我们不好拼啊。"摆弄了半天，还是没人成功，台上另一位同学竟然开始对我"指责"。台下的同学着急了，小郭替我打抱不平："自己不会做的事，就怨老师，真有你的！"小名不屑一顾："有那么难吗？你是不是逻辑思维不行啊。"小杰更是夸大其词："真服了你们了，等你们拼完，估计要明年这个时候了。"小瑞直接边往讲台上冲边说："我家的256块拼图我都能拼成，我来！"

我依旧笑着。台下又有几个不服气的拥了过来。

拼图小队开始了紧张的讨论和拼凑，突然，他们中有人喊起来："这些碎片上的字都不一样。"接着就有人回应："啊？我还以为都一样呢!"小名同学热情回应道:"或许是线索,我们这边八块碎片,分别是'学业压力大''抗挫能力弱''担心被嘲讽''容易受伤害''没有能力承担责任'等字样。"台下的同学也被调动起了好奇心,纷纷要求台上同学分享他们看到的字,想弄明白我究竟为何让他们做这个拼图游戏。"我们的是五块碎片,上面的字确实和你们的不一样,有'心智成熟''视野开阔''精力充沛''人格独立'等。"小瑞同学边念着字边拼上了他们拼图的最后一块,率先完成了拼图任务,整个小队都欢呼雀跃起来。

紧接着,其他两个小队也以最快的速度完成了拼图。台下的同学都想试一下,于是我示意他们把拼图拿到台下,三五一群的拼图小队开始了拼图游戏。

半个小时过去了,他们依旧在班里热火朝天地进行着拼图游戏。已经拼过的同学开始思索或者交流,正在进行中的同学感慨自己"眼高手低"。

离下课还有不到五分钟,终于到我说话的时候了。我转身在黑板上写下了班会主题"青春的心",台下发出一阵恍然大悟般的"喔"声。

"哪位同学站起来说说这节班会课体验拼图游戏的心得,算作本节课的总结?"我充满期待地看向同学们。

"我最大的体会就是,不知道是心形的时候根本没头绪,知道之后再拼就简单多了。这说明我们做事情要有明确的目标,有了目标才能思考实现的方法。有明确的目标,有合理的规划,再加上不断的尝试,才能取得成功。"第一轮上台参与拼图游戏的小杜同学勇敢地站起来分享,赢得了同学们的掌声。

"遇到不懂的就要问,要学会求助,如果没人问老师这是什么,我们可能真的要拼到明年了。要相信只要有人问,或许就有人答,不敢问就没人回答。像我们学习一样,不会也不问,就越来越不会。"平时吊儿郎当的小杰同学忽然一本正经地总结,让同学们大吃一惊。

还有更多人举手有话要说,可惜都没有提到我想要的"青春期交往",于是我忍不住温馨地提醒了一下:"有没有人对碎片上的字有感触?"

班长小丰举起手来,认真地说道:"我发现八块碎片的那颗心拼起来竟然是最小的,上面的字也全是负能量,而最大的那颗心才碎成五块,上面的字全是正能量。这说明,心越小越容易被干扰,越容易破碎,心智越成熟,格局就越大,越不容易被外界干扰。"他话音刚落,我带头为他鼓掌,同学们也若有所思。

女孩小许站起来,勇敢地说:"心里想得多了,就容易分心,比如那颗最小的心,又没有能力承担责任,还担心别人嘲讽,我想和班里某些人说,不该说爱的年纪请先把爱藏在心里,不然伤了别人的心,也给你自己带来烦恼。"说到最后,她眼睛闪亮亮的。

这时正好下课铃响起。

我开始做最后的班会总结:"今天的班会主题是'青春的心',我最想告诉大家的是,青春的心纯真且朦胧,极易感动也极易破碎。大家通过拼图游戏也发现了,迷茫和急躁的人很难成功,自信和团结会燃起希望,所以我希望咱们班成为一个团结的集体,每个人注意力集中,将更多精力放到学习和提升自己上。另外,意犹未尽的同学,可以把三颗心都拼一下,然后把想法写到今天的日记里,告诉我你还有哪些新发现。"

日记收上来，我果然又发现了好多有趣的想法，刷新了我的认知。

"这是个心中有心的游戏，三颗心大小不一，我觉得老师想让我们明白，只有志同道合、旗鼓相当的两颗心才能保持一致。"

"拼图最后都能拼好，只要一块都不少。这就说明一个班集体离不开每位同学的努力，尽管我们在试错的路上偶尔想要放弃，但一定要记住自己是很重要的那块，班级有我，学校有我，强国有我！"

"我猜想，五块碎片的心代表家人，包容很多，心最大；六块碎片的中等大小的心代表良师益友，不能事事包容，但也能帮助你前行；最小的八块碎片的心代表自我，其实一个人最难战胜的就是自我，很敏感，很易碎。"

"合作往往能事半功倍，在我拼图出现犹豫的时候，旁边同学的一句点拨，直接让我茅塞顿开，这也说明我思考问题不够全面，所以我决定，以后多些独立思考，偷偷'卷'起来。"

"无目标永远是乱的，静下心来面对问题，分析问题，最后才能解决问题。"

"生命很短暂，也很珍贵。心碎了，拼起来也还是碎了的样子，珍惜生命，珍爱自己的心。"

……

我原本以为青春期的学生，不会思考得那么复杂，没想到一个不经意间想出的小游戏竟抛砖引玉，引领他们从狭隘的青春期交往主题延伸到对学习、做人乃至生命的思考，原来游戏也可以是很好的教育方式，能让教育少些说教，多些思维碰撞。

春天里的乒乓乓乓

春风拂面，好多感触涌上心头，有个说来话长的故事，一直在我心中……

我们的故事，源于十二月份寒冷的周二早上。

"夏老师，你们班这俩孩子上我的课迟到三次了，你看看怎么处理吧。"数学老师像一阵风一样，撂下这句话就走了，留下我们仨。

我合上刚刚铺开的作文本，盯着那俩"当事人"金宵和恒宇：他俩满脸通红，额头汗珠滚滚，衣领敞开着，后脑勺那里"热气腾腾"。两人紧紧靠在一起，你看我，我看你，谁也不说话。

"手里是什么？"我问道。

他们没回答，把手伸出来，是一副带着汗渍的乒乓球拍。

"我们课间一共几分钟？"

"十分钟。"恒宇终于说话了。

"时间够用吗？能打几局？"我继续追问。

"我们不开局，就是随便打着玩。老师，咱们班不止我们俩打。"

"哦？那还有谁？"

"我可不说，我不能出卖他人。"金宵一本正经地说道。

"兄弟义气抵万金啊,那先这样吧,你们俩先回去上课,下课后负责发布乒乓球比赛的报名信息,然后统计好人数,咱周五课外活动就开始比赛。"

"什么?我们班要举行乒乓球比赛?"他俩目瞪口呆,仿佛不相信这件事的处理结果,谁也不走,都看着我。

"快回去上课吧,小心我变卦。"我忍住笑,他们将信将疑地跑出办公室。

我们班要举行乒乓球比赛的消息迅速传遍了左邻右舍的班级,我们班孩子的脸上写满了幸福,在九年级紧张的学习节奏下,这样的赛事,很少见。

很快,俩男孩就统计好了参赛的人数,兴高采烈地跑来告诉我有十六人参加。我粗略地看了一眼,那些经常偷偷"溜出去"打乒乓球的孩子被我猜了个大概。我不以为意,中考这么大的压力下,来场赛事放松一下,比一味地"围追堵截"要好。

我来到教室宣布比赛规则,建议他们抽签,分为八组,不管水平高低,大家趁这次比赛"放松一下"。

我以为给他们一个展示的舞台,能让他们释放一下压力,而在平时能更加约束自我。不料事情发展方向好像逐渐走偏了:既然是比赛,就有特别想取胜的人,他们随时随地都想练上几招,这使我们班的课间变得更加"失控",因为课间短,他们不再跑到室外乒乓球台上练习,干脆就在教室里打,这让安静学习的同学"不堪其扰",纷纷来找我"投诉"。这可不是我搞乒乓球比赛的初衷……

又是一个大课间,我来到教室,果然"抓了现形":几个男孩子将两张课桌一拼,乒乒乓乓声此起彼伏。见我进来,顿时僵住,匆忙间不知如何收场……

我一改往常,没有笑,问:"教室是打乒乓球的地方吗?"

"不是。"

"教室为什么不适合打乒乓球?"

"教室地板太滑了。""教室是学习的地方。""教室没有乒乓球台。"大家你一言我一语地避重就轻、东拉西扯,差点让我忘记了我是来"批评他们"的。

"既然教室不适合打乒乓球,那么我们就应该让教室回到曾经安静的样子。至于乒乓球训练的事,我有两点要求:一是只有课外活动时间可以去操场训练,二是乒乓球训练的前提是保证各科作业均已高效完成。再有下次,严惩不贷。"

"'欧克欧克',距离周五比赛还有三天,大家先学习后训练。"几个男孩带头大喊,我一看,又是恒宇和金宵最积极,我笑了笑,退出教室。

没想到"下一次"竟然来得那么快。这不,体育课上恒宇和金宵又偷偷溜出去打乒乓球,被体育老师抓个正着,再次被体育委员"扭送"到我办公室。

"没忍住,老师,对不起。"恒宇竟然先开口了。

"体育老师安排你们做什么?"我问。

"男生练引体向上,女生做仰卧起坐。"金宵如实回答。"哦,你俩的乒乓球比赛资格被取消了。"我喝了一口水,慢悠悠地吐出这几个字。

"老师,对不起,我们不敢了,我们去给体育老师道歉,不要取消我们的比赛资格啊。"恒宇小脸通红。

"言必信，行必果。你们已经把信用透支了。"

"老师，老师……"他们眼巴巴地看着我哀求，我险些就心软了，可还是手一挥，示意他们回去继续上体育课。

他俩比赛资格被取消的消息很快传遍了整个班级，大家重新认识了"规则"的重要性和班主任的"执行力"。到了周五的乒乓球比赛，我们班体育委员组织大家去操场比赛，恒宇和金宵有些闷闷不乐，我看见后，走过去拍了拍他们的肩膀。

"你们俩愿不愿当裁判？就打乒乓球的专业度来讲，我看你俩最具权威。"我说。

"好吧。"他们言语间流露出的还是沮丧。

"小信成则大信立，我相信你俩不会重蹈覆辙，裁判员也是一种挑战。"我继续鼓励道。

"好的，老师，我们明白了，一定会好好做裁判的！"恒宇和金宵终于笑着抬头看向我，一扫颓丧的阴霾。

比赛顺利进行，结束后我们评选出了前六名以及最佳裁判员，当着全班同学面，很有仪式感地为他们颁发了证书和奖品。我以为故事就此落下帷幕，每个人都得到了最好的安排……

时隔一个月临近期末，我把这个故事写下来，发给陈娟老师看。她读完之后就点评了两个字——遗憾。我以为我能感知她遗憾的是什么，于是答了一句："有时候遗憾，也是成长。"陈娟老师言简意赅地回道："遗憾就是遗憾，是伤。""伤"这个字一下触到了我心里最敏感温软的地方……

我赶紧讨教该怎样弥补这"伤"，陈老师这次给我回复了很多字："你的不原谅已经是惩罚了，他们为此承担了'不能参赛'的后果，但是事情还可以有个更好的结局,给他们一次展示球技的机会,让这场赛事因他们而起,也因他们而终……"

懂了!心动不如行动,我再次找到金宵和恒宇,特邀他们在期末考试后为大家带来一场表演赛。

他俩笑了,真真正正发自内心地笑了。

这场有关乒乓球的"对话",过程起起伏伏,声音乒乒乓乓,最终也算尘埃落定。记得曾读过一句话:"学习的本质,不在于你记住了哪些知识,而在于它触发了你的哪些思考。"我从学生、陈老师身上学到的"知识",触发了我深深的思考。在一次次对话和反思中,我们都唤醒了心底的爱和希望,共同奔赴了一场春天里的乒乒乓乓。

愿所有老师都能成为一个"善于对话和反思"的老师,引领学生成为一个"乐于对话和学习"的学生,在教与学的路上与更多美好不期而遇。

错中求正

我们教室里最显眼的一道风景,就是贴着《班级公约》(简称《公约》)的墙壁了,不信你仔细瞅瞅。

"为何不能贴得正一点呢?"几乎谁见了都会这样问。

"不能揭啊,一揭就把墙皮带下来了。"谁问我都这样答。

"那就揭下来,重新粉刷墙壁,再重新贴,或者干脆不贴了,总比这样歪着好看。"总有人不肯罢休。

"我们的《公约》的确是贴歪了,但我们班把《公约》内容做正了不是更重要吗?"我也会笑着反问。

其实,这《公约》的背后藏着一个故事。

那是新生刚入校的第一周,同学们刚刚经历完"苦其心志,劳其筋骨"的残酷军训,继而出色地完成了军训会操表演。寄宿的学生,离开家五天自然是归心似箭,连我站在讲台上讲话,都没有几个人在认真听。

这时,我大声地问班里有谁可以稍微留一会儿,我需要几个小助手,因为我刚刚去打印室取回了我们的班级文化刻印纸,想利用这个离校时间设计好我们的班级文化墙。还好,一片喧闹后,五十人的教室里，举起手的有七个人。

　　虽然已共同生活了五天，但是同学们彼此都还不算特别熟悉，我通过几天的观察也只是了解了一小部分，尽管我早把全班的名字记住了，但看着举起手的七名同学，我尴尬地发现这几个人竟然不是在军训过程中"爱出风头"的人。我不敢贸然点名，脑海里的人和名字一下子脱了节，我只得尴尬地笑了笑，示意他们放下手，让他们先在教室里等我，然后我快速地吩咐其他同学收拾好书包行李下楼站路队。

　　等我将路队送出校门再折返回教室时，留在教室里的七名同学正安静地等着我。我欣慰地笑了笑，进行了简单的分工："扫地、排桌子、布置墙壁，你们擅长什么就做什么。"我想通过这样的问题选择设计，观察孩子们的应变和处事能力。出乎我的意料，留下的这七名同学，有三个女生主动拿了笤帚去扫地，两个男孩立刻着手排桌子，还有两个男孩就这么呆呆地站在那里看着他们忙活。我微笑着看向他们，正巧与他们的目光相撞，他们赶紧低下头不知所措，我开着玩笑说："看来你们俩是天选之人，陪我一起布置墙壁吧。"

　　这时其中一个小男孩跑过来饶有兴趣地问我："老师，就是把你手上拿的贴纸贴到墙上，对吗？""是的，这是学校给刻绘的《班级公约》，还有'图书角''卫生区'等，你俩负责贴墙上吧。"他高兴地说："好的，老师，我们保证完成任务。"他接过我手里的东西，嘴角还带着笑意，眉头却皱了起来，因为他好像并不知道怎么贴，他用一只手抠了抠刻绘纸，然后挠了挠头，不好意思地说："老师，这个和贴纸好像不一样啊。"我一直保持着微笑："是啊，我正要和你们说正确的操作步骤呢，你就保证了。所以啊，凡事先别忙着承诺，弄清楚后掂量一下再保证也不迟，对不对？"他羞赧地红了脸，还不忘向他旁边的小男孩耸耸肩膀,吐吐舌头,继而用清澈的眼神看向我:"老师,您教我们怎么贴吧。"然后,我手把手教他们如何用转移贴将这些同在一张纸上面的字逐个贴到墙上。这时,他显然接受了教训,没有急着保证,而是说:"老师,我好像明白了,我试试看。"然后他选择了贴"公约",另一个男孩去贴"图书角"。

接下来,我忙着和扫地的女生还有排桌子的男孩们"套近乎",打听他们的特长以及兴趣爱好,顺带着把名字和人也对上了号。七八分钟后,负责贴《公约》的男孩慢吞吞地走向我,他脸再次红红地对我说:"老师,对不起,我贴坏了。"我想象不出贴《公约》怎么才算贴坏,于是顺着他的手指,看向他的"劳动成果":一共六行字像被施过魔法,都聚向了同一边。我还没想好要说什么,他接着说道:"老师,真的对不起,我其实贴到第二行就发现歪了,然后我试着揭下来重新贴,但是一揭,就把墙皮也带下来了,我有点害怕,硬着头皮贴完了,发现越贴越离谱。"

"哦,你现在有点后悔自己没有及时止损对吧?"

"嗯,我错了,老师。"

我看着他担忧的神色以及诚恳承认错的样子,笑着打趣道:"你没有把《公约》贴坏啊,你只是把《公约》贴歪了。《公约》贴不正没关系,关键是我们班同学把《公约》履行得正,那才是重要的。没事,先这样吧。"他听罢稍微松了口气,但还是没有完全释然,一直跟在我后面不停地解释:"老师,我早知道就不留下了,哦,留下也行,我早知道就去扫地或者排桌子了。我妈经常说我笨手笨脚的,看来是真的,我真不应该去干这个活,对不起,老师。"我拍拍他的肩膀,岔开了话题:"老师还要谢谢你们这些留下来帮我的人呢,你叫什么名字，老师还对不上号呢。"他脸顿时又漫上了羞赧的红色："老师，我叫公俊超。""你就是公俊超啊，那你贴《公约》就对了，你姓公啊，你也一定是我们班第一个将《公约》行得最正的同学。"我接着说道，只见他的脸更红了，虽然没说话，可是眼里却泛起了光。

又是新的一周，我们事先发起了班干部竞选倡议，所有候选人都要上台做竞选拉票演讲。没有料到，公俊超在大家的掌声中第一个登上讲台，他深吸一口气，努力地控制住紧张情绪，说道："大家好，我叫公俊超，首先我要向大家承认一个错误，咱班的《公约》是我贴的，但是贴歪了。"全班同学顺着他手指的方向，仿佛发现了"新大陆"一般，哄堂大笑。出人意料的是，公同学反倒更加气定神闲，没有半点尴尬，仿佛早有准备："我想竞选班长一职，因为我已经下定决心，带领大家将《公约》的内容行得正，做得好。如老师所说，《公约》贴歪了不要紧，做得正才是最重要的。我愿意身先士卒，为班级服务……"哄闹声早就渐渐平息，取而代之的是掌声四起。

如他所愿，得票最多的他顺理成章成了我们班的班长，班里的同学也随之送他一个昵称：公约。

接下来的日子，毫无意外，他时时刻刻在严格要求自己说到做到，上课积极、听课认真、作业按时、遵守纪律、举止文明……《公约》里的每一条内容，仿佛被他刻入了内心。更为重要的是，他整个人变得稳重起来，言必信，行必果，能做到的事不遗余力地做好，做不到的事也会尽力研究弄明白。凭借勤奋好问、稳扎稳打的毅力，他的成绩也一直位居我们班首位。

在一次"宽容"为主题的作文中，公俊超同学写下这样一段文字："可能没有人比我更清楚，老师当时那个宽容的微笑，那句对

《公约》内涵的阐释，改变了我的整个中学时代，甚至一生。"

《论语·雍也》中，孔子赞扬弟子颜回"不迁怒，不贰过"，因为在孔子看来，人非圣贤，孰能无过。任何人，包括学生，犯错都是很正常的事情，没必要夸大或者上升为"错误即个人的失败"。但是，人不能在同一个地方犯同样的错误，我们应该从错误中学习，改过迁善。

公同学，其实我也没想到，我的一丝宽容和积极的评价，竟给你带来如此大的正能量；而你也不知道，你的一次小失误，也促成了我班主任经历中一次珍贵且具有反思意义的成长。

一根头绳

我要讲的故事，从一根头绳开始。

那是六月的一个周一，天气很热，我早晨洗完头发来不及完全吹干，就散着长发赶点去上班了。出门才想起忘了戴头绳，课上，长发披肩带来的闷热让我不堪忍受。

快要下课时，偶然瞥见一个男生手上戴着个头绳，我走过去悄悄问他："张同学，你这个头绳借我用一下可以吗？"

他竟然支支吾吾："老师，你……你借了是会还的对吧？"

这一反问，让我莫名其妙了：一个男生这么在乎这个头绳？哎，对了，一个男生为什么会有头绳？

我一脸茫然，周边同学却在偷笑，凭着我多年担任班主任的直觉，这小小的头绳一定有大文章。

下课铃响了，我回到办公室和同事们说了刚刚的疑惑，这时年轻的英语老师站起来说："你落伍了吧，来，我给你们科普一下，这个现在很流行，这是小青年们表达情意的一种方式，好像是在抖音上火起来的，戴上头绳，套牢一生。"

我和几个老班主任都惊呆了！

课间操时，我们留心观察了一下，天哪，竟然好多男孩的手腕上都有头绳！看来这已经是普遍现象，那该怎么办呢？

望着这群青春萌动的学生，我忽然觉得，一次别开生面的主题班会或许是个不错的选择。

于是，在下午的班会课上，我来到教室大喊一声："这节班会课咱去操场上！""耶！"孩子们笑着跳着，喜形于色。

一路蹦跳嬉闹的他们来到操场就后悔了，正值六月，午后的阳光毒辣地晒着大地，塑胶跑道都仿佛要被晒化了似的。

我让同学们站到起跑线上，轻描淡写地说："女生800，男生1000，跑吧，跑出中考体育测试的水准就行。"

"啊？为什么?!"我看到孩子们咬牙切齿的表情，忍不住笑了，"明年这个时候你们就中考了，难道你们也要问我为什么？"

孩子们嚷嚷着集体抗议起来，有个孩子高声喊："那不一样！中考是必须考的，而这节课不是中考也不是体育课，这是班会课！"

"你很聪明呀，清楚什么是必须做的，什么是无须做的，这与我们这节班会课主题很接近！"我竖起大拇指。

一听这话，孩子们一时间丈二和尚摸不着头脑了。

午后的大太阳下，我看着一个个脑门上渗出汗珠的孩子们，话题一转："大家都热了吧，我请大家吃雪糕好不好？"

"耶！"毕竟还是半大孩子，他们顿时忘记了刚刚的"不满"，又满脸欢喜，欢呼起来。

"好，吃雪糕前大家先做个选择题：A，吃完接着再跑；B，边吃边跑；C，跑完了咱找个凉快地儿慢慢品尝。"

他们异口同声地喊："选C！"这时我看到有的孩子已经汗流浃背

了，我赶紧召集孩子们离开蒸腾着热浪的跑道，来到教学楼后一大片阴凉地。

这时候，我像变戏法似的拿出一根头绳，套在手腕上，自言自语道："好看吗？"聪明的孩子们似乎明白了什么似的，嘻嘻笑起来，那些手上正戴着头绳的男孩有些不自在了。

这时有个调皮的男孩喊道："老师，你应该给你男朋友戴上……"我没有回应，只是平静地环视全班。大家齐刷刷认真地看着我，没有人起哄，他们猜不透又很期盼我会说点什么。

我再次转移话题："刚才为什么大家都选C呢？"一个很善于思考的女孩站起来说："我认为跑完步再去吃才能真正地体会到雪糕美妙的味道。"我立马赞许："你说得很好。那我们再想想，我喜欢的头绳、你们喜欢的雪糕，还有你们不喜欢的跑步，它们又有什么关系呢？"

一片沉寂中，班里一个向来活泼的男孩打破了沉默："哦，老师，我懂了，你是要说我们都有自己喜欢的东西，但是不喜欢的奔跑又恰恰是我们现在必须要做的事情，当面对两者必须选择的时候，我想我们应该先选自己必须要做的，才能更好地选择自己喜欢的。"

掌声四起，同学们用热烈的掌声表达认同。

我特地把原本散着的头发扎了起来，注视着一个手上戴着头绳的男孩，让他谈谈自己的想法。他说："老师，我明白了，我会努力奔跑的！"说话间他悄悄把头绳取下来装进兜里。

孩子们的掌声不约而同地响了起来。

接着，大家跟我来到跑道，待我一声令下，全班孩子都以最快的速度向终点跑去……

最后，我请全班同学吃了雪糕，他们一个个乐不可支，看上去依然是没心没肺的模样。

但是我想，这节课的目的已经达到了。在这堂课上，没有对错，没有指责，有的只是平等的互动和交流。孩子们都很聪明，他们只是需要在迷茫的路口有人稍作点拨，剩下的，他们会去悄悄地自我修正。

班主任工作就是这样，没有惊天动地的壮举，没有可歌可泣的事迹，全是这些平凡琐碎但温暖细微的小事。

我完全有理由相信，这一根头绳的故事，会悄然留在一些孩子的心底，成为他们最有意义的回忆。

把丸子端到操场上

这天晚饭时间,我正在巡查学生用餐情况,看着学生忙碌且有序地分餐,三菜一汤,荤素搭配刚刚好。

忽然听到班里一个男孩说:"哇,又是美味的丸子汤。"我循声看向他,微笑着问:"你是不是最喜欢喝丸子汤?"他挠了挠头,幽默地仿了一句鲁迅先生的《社戏》结尾:"真的,一直到现在,我实在再没吃到那下午夏老师端到操场上的好丸子,也不再打过那下午似的好球了。"

我一下被逗乐了,思绪也紧跟着回到了那个有着半边红晕天空的春日下午。

那是暮春时节,微风里带着些花香的甜味,暖洋洋的空气中涌动着一群少年不安分的气息。兴许是那天下午的风太过温柔,一群男孩饭都没吃就跑去了操场。我刚到餐厅就发现班里两个餐桌少了许多人,明明我们是站着路队一起上的楼,就算我稍微落在后面一点,他们也不可能这么快就吃完饭。何况我们的"桌长"正在分餐,桌边零零散散坐着的几个人也正相互递着餐具,种种迹象表明"消失"的七八个人没来得及吃饭就溜了。我用手指了指空位:"他们呢?""桌长"似乎有些避嫌般慌忙解释:"是不是去洗手了?刚刚还看到他们的。"这时同桌用餐的女孩子毫不避讳地说:"他们每人拿了一个馒头就跑了,是从那个楼梯口跑的。"说着还指了指楼梯西门,而我们路队是从南门进入的。

"这时间差卡得刚刚好,是准确计算好了我爬楼梯的速度吗?"我笑着打趣。气氛变得轻松起来,有个男孩也跟着笑道:"这让我想起动画片《猫和老鼠》来了,猫傻傻笨笨的,总是被那个老鼠算计,哈哈哈……""你是在笑夏老师吗?"一个女孩反问。他似乎意识到什么,赶紧捂住了嘴。我赶紧打圆场缓解尴尬:"看来今天下午我必须得去抓几只'机灵鼠'玩玩,请大家拭目以待。"

待分餐完毕,我一看两张桌子上每个菜都剩半盆,不禁惋惜道:"多好的肉丸子,多好的汤啊!他们连饭都不好好吃,还能跑得动吗?""他们得去抢篮球场地,课间操的时候他们就说今天下午再打一局,把篮球藏在了球场旁的草丛里。"有知情人继续给我解惑。"怪不得刚刚站路队我并没看到他们拿篮球呢,为了能打球他们真是费尽了心思啊!"我张大嘴巴夸张地说,恍然大悟的表情逗笑了几个女孩。

作为初中阶段的班主任,每天都要和青春期的男孩女孩打交道,这一时期的男孩大多数精力旺盛,创造力和"破坏力"都很强,如果不让他们去广阔的操场或者球场上释放,他们就会在上课或课间制造出一些"不老实"的麻烦。上课时,他们的眼神和思绪会像天上的白云一样飘忽不定,总想着找点什么"乐子"耍耍;下课时,教室门框的上方就成为他们屡摸不爽的"篮板",就是丢个垃圾入垃圾桶也像投篮一样……总之他们必须找个地方宣泄一下多余的精力。

若是看到他们安静地读书或者奋笔疾书赶作业,那一定是他们刚刚上完体育课或者课外活动"洪荒之力"耗尽之后，所以，听说他们不吃饭只是为了去篮球场打球，我并没有生气，反而有点心疼他们空着肚子去消耗体力。唉，谁让我们的晚饭和晚自习之间的时间不够长呢？

"我们几个人从小学就是篮球队的，我们喜欢打篮球，本来今天下午我也要去的，因为我得分餐，所以……""值班桌长"看我并没有生气，说了真话。

"喜欢打篮球也不能不吃饭啊！"突然一句低沉的女声传来，我猛一回头，发现校长不知何时站在了我身后，"你看这一盆盆的菜，尤其是这肉丸子，这可是咱们餐厅工作人员亲手做的，浪费了多可惜！夏老师，你可得趁机严格教育他们一下啊！"听着校长语重心长的话语，同学们看看我，面面相觑，赶快埋头用餐。

我向校长表示会立即处理，然后就近找了一桌坐下，对在座的同学幽默一番："节俭光荣，浪费可耻，我和大家一块吃，把没来同学的那些也都吃了，这可是他们留给咱们的'爱心丸子'。"

其实我一边吃饭一边在想：严格的说教和惩戒，对这群男孩会有用吗？该如何教育他们才会收到最佳的教育效果呢？我突然想起曾经读过的一篇文章，题目是《天寒人心暖》，说的是一位城管买下违规占道经营的残疾阿姨的所有烤地瓜，并安排她到规范摊位，还劝她天冷早点回家。文章最后附加了一段有关"执法"方面的文字："强调严格执法，让违法者敬法畏法，绝不是暴力执法、过激执法，要让执法既有力度又有温度。"当然，我们班这群孩子的所作所为并没有违法，而我也不是什么执法者，但是我从文章中得知，"温情执法"远比"暴力惩罚"更能直抵人心。

计上心头，不如我把丸子汤端到操场上，让那群没吃饭的男孩先吃饱再说。想到这里，我三口两口吃完，便和同学们一起将分剩的丸子折了满满一大盆，再放上一个大勺子，又和餐厅工作人员说明了情况，然后我就大大方方地端着一大盆丸子汤走向了操场南侧的篮球场。

男孩小杰跑得比我快，早就跑去操场通风报信了。等我走到篮球场地的时候，那一群大汗淋漓的男孩子站成一排，已经在"列队欢迎"了。

"去洗手吧，然后到乒乓球台那边集合，我们今天下午吃丸子。"我看向他们笑着说道。

他们竟无一人敢动！你看我，我看你，仿佛听错了似的。我瞅着他们，又说一遍："赶紧洗手吃饭。""老师，真的要吃丸子吗？我还以为小杰说的'吃丸子'是挨拳头的意思呢！"男孩小宝面红耳赤地小声说。"老师，我们错了，我们不吃了，我们这就回去上晚自习。"男孩小雨也紧跟着说。"老师，我上星期刚戴上牙套，本来就不吃下午饭。""老师，我减肥，也不吃下午饭。"小瑞和小文一前一后地解释。这个时候围观的人群中也有人起哄了："哇！鸿门宴吧？"

"我这可不是鸿门宴，充其量算一顿丸子宴，大家赶紧去洗手，回来吃饭，你看这丸子多好啊！鲜肉，纯手工制作，你们竟然都没口福，早早就跑来打球。快快去洗手，然后来尝尝这丸子鲜美的味道。"我再次示意他们去洗手，他们才慢慢散开，你推我，我推你，跑向洗手池。

后来，我让围观的同学都回去上晚自习，然后和这一群没吃饭的男孩围坐一圈，专心致志地品尝了那一盆丸子汤。因为只有一个勺子,大家很有序地分享着……不得不佩服男孩子们的"干饭力",几分钟后盆里连丸子汤都不剩一点了。晚霞漫上天空,红了半边,我像个慈祥的母亲一样,欣慰地看着他们大口吃饭,其间我还给他们录了一段友好分吃丸子的视频,发到家长群里,并附上一句话:"瞧这群孩子,光打篮球都忘记吃饭了,我把丸子端到操场来了。他们可真是亲兄弟了,一个锅里摸勺子,一个勺子吃丸子。"紧接着就有当事男孩家长发来信息:"夏老师,你不要惯坏了他们,就不能让他们吃,饿他们三天再说。"我紧跟着回复:"吃饱了才有力气学习和运动。"又有家长说:"为夏老师点赞,这比打一顿骂一顿强,这会给孩子们留下深刻的记忆吧。"还有家长说:"对呀,我上学的时候怎么没遇到这样的老师呢!"

看到这里我不禁笑了,然后故意把聊天记录给男孩们看。

"老师,你为什么不批评我们呢?"还是小瑞最勇敢,提出了让他们一直惴惴不安的疑惑。

"老话说得好,训子有'四不',饮食不责,睡前不责,当众不责,悲伤不责。你们在我眼里就是孩子,我只想让你们吃上晚饭,不要饿着肚子上晚自习。"我看着他们,温柔地说。

"哦,那我们吃完了是不是就要挨批评了?"调皮的小源说。

"我不批评,只想和你们说说心里话。你们正在长身体,一日三餐都要认真吃,我们的餐食都是工作人员亲手制作的,不一定每一道都符合你们的口味,但一定卫生,有营养。我们好好吃饭,是对餐厅工作人员最大的尊重。要知道,一位厨师最开心的事情就是自己做的菜被'清盘',而最难过的就是眼看着自己做的菜都被倒入垃圾桶。当然了,打篮球也是好事,可是我们得兼顾好吃饭和运动的时间安排，我们每周两节体育课，每天都有课外活动时间，咱尽量不要占用吃饭的时间，可以吗？"伴着微风，我轻轻地说。

"老师，我们知道了。"男孩子们异口同声地说。

"晚自习已经开始了，那么现在我们要——"我故意拖了长音。

"回教室学习！"他们又是异口同声。

那天的夕阳特别美，男孩们的笑脸也特别真。

一直到现在，他们都还在我的班上，好好吃着每一顿饭，认真对待我说的每一句话，积极而努力地向前进步着。

我也庆幸当初只是把丸子端到了操场上，而没有把怒火烧到孩子们的心上。犯错是孩子成长的必然过程，在孩子的信念系统中和同学多打一会儿球比吃饭更有意义。作为老师，我们要尽可能地以包容之心接纳学生，理解他们爱玩的天性，与孩子站在一起，选择适宜孩子的教育方式比简单粗暴更有力量。亲其师，信其道，师生间关系拉近了，教育也便水到渠成了。

一笔故事　看见成长　第二辑

　　班主任要练就一双慧眼,能随时随地发现和守护学生成长的契机,看见孩子的不同,尊重他们的个性,理解他们的困惑。

老师，我反对

秋末好时节，我们教室阳台的小菜园刚收完一茬油菜、小白菜和鸡毛菜，我们正打算再种点什么。

直到有一个周末，我看到了一个视频，有位"90后"老师带领学生用水培的方式种植郁金香，从种植到开花历时三十天。师生在亲自动手种植的过程中有了新的体验，在不断观察和期待中有了新的发现和成长，在惊艳花开的刹那收获了新的教育意义和价值。老师还给自己拍摄并剪辑的视频起了个好听的名字《用生命影响生命》。

这一下子激发了我的灵感，我们也可以试试啊。我们有现成的花盆和营养土，更重要的是我们还有一群活泼可爱又热爱生命的学生。想到这里，我没和同学们商量，立马从网上下单购买了郁金香种球，我想给他们一个惊喜。

三天后恰逢星期一，快递到货，我趁中午下班的空去拿来，下午班会课时，我拿着快递箱进了教室。

"老师，又是什么好东西？"眼尖的小楠问我。

"魔法种子。"我故作神秘地说道。

"巴啦啦小花仙？"小楠开玩笑道。

"厉害呀！竟然被你猜对了！相信不久的将来，你们就能见到郁金香花仙了。"我也和同学们开起了玩笑。"今天我们班会课的第一项任务——种花，每个小组派个代表来找我领取郁金香种球。"稍作停顿后，我继续说道。

"夏老师，郁金香很好看对吗？"一个可爱的女孩扬起头问道。

"是的，郁金香是荷兰的国花，花形美观，花色艳丽，花香浓郁。比起好看，我更欣赏它的花语，'祝福''希望''爱''永恒'。你们最中意这几个花语中的哪一个？"只要是对话，我们师生总是有聊不完的话题。

"我选'祝福'，祝福咱们班越来越好。"

"我选'希望'，希望我们每个人都充满希望。"

"我选'爱'，我们是相亲相爱的一家人。"

"那我选'永恒'，希望我们永远保持联络。"大家兴高采烈地纷纷表达着。

"我们可不可以综合起来呀，既有祝福又有希望，既要相亲相爱又要永远保持联络。"坐在第一排的小彤微笑着说道。

"好！我十分同意！那此刻就让我们一起种下这一颗颗带着同学们的祝福、爱和希望的魔法种子吧。"我赞许地看向小彤，准备分发种球。

"老师，我反对。"教室里忽然传来男孩小唐的声音。

"啊？你反对？为什么呢？请说说你的理由。"我看向他，和同学们一样，我对他的"反对"也感到莫名其妙。

他慢吞吞地站起来，手上捧着一本书，一边翻页一边说："稍等，我找一下。哦，对，就是这里。这本书上说郁金香是有毒的，它的根、茎、叶、种子和花朵均有毒，长时间接触郁金香可能会导致头晕目眩、毛发脱落，严重的可导致中毒。所以，我反对在班里种植郁金香，我爱惜我的头发，更爱惜生命。"

他独有的慢条斯理的语调，引起同学们哄笑。

"噢，原来你反对的是这个，不是反对小彤和同学们对花语的解析。不过，谢谢你啊，幸亏你提醒，老师还是大意了，没有做好调研。"我示意小唐同学坐下，边表达感激边快速地将刚拿到手里的郁金香种球塞回快递箱里。

"那咱班就不能种植郁金香了吗？"同学们有些沮丧。

我没有选择直接回答，而是把问题丢给了小唐。"当然能种，得在室外通风好的地方。在教室里肯定是不行的。咳，大家没事还是多读点书吧，没文化太可怕。"小唐同学有些"嘚瑟"地科普道，双手捧着他的"宝典"读本《安全教育》。

"在哪一页？"陆续有人掏出这本一开学就发到手，却被大多数人搁置起来的《安全教育》读本，饶有兴趣地问。

"我找到了！真长知识了！书上说了好多种室内不宜种植的花，除了郁金香，还有夜来香、夹竹桃、含羞草、水仙花等。"同学们兴奋地翻找交流着。

我笑着环顾教室一周，忽然明白了"读书的兴致来源于兴趣"的道理，也恍然大悟了培根的"知识就是力量"这句名言。

就这样安静了好一阵子，我看到陆续有同学抬起了头。

"那我们种在室外吧。"我率先打破宁静。

"夏老师，楼下都种满了绿植，还有角落让咱们种花吗？"多愁善感的小涵扑闪着大眼睛问道。

"我们下课就去巡查,我就不信学校的每一寸土地都种满了植物。"又是小唐同学给出方案。

"你确定找到了地方,学校领导就让咱种?"小涵追问。

"那我们就去找领导协商。"小唐同学做了个倔强的表情。

"是时候展现你们的语言表达能力了,这就是标准的口语交际问题,我们该如何让领导同意咱们将郁金香种在学校的公共区域呢?请用委婉的话语说服领导同意我们的种花计划。"出于语文老师的职业本能,我很快就即兴组织出一道题。

"我就说我们想借学校的一块地方种花,主要为了美化校园,请同意。"积极的小唐学会抢答了。

"口语交际题首先要有称呼和问候语啊!老师讲过好几遍了,你都忘了吗?学霸!"几个女孩冲着小唐大声说,仿佛是为了"报复"刚才小唐故意"奚落"大家没文化的那句话。

"啊,真忘了,我再重新组织一下语言。"小唐同学不好意思地挠挠头说道。

接下来大家议论纷纷,我听到他们列举了很多思路,甚至对失败做了预设与补救方案。班会课接近尾声,我们原计划的第一项任务就因为一句"反对"而迟迟未展开,可是我并不着急,因为同学们一直没闲着,他们自始至终为了第一项任务而全力以赴。

原来,学习无处不在。

这就是思考和讨论的魅力所在,总能叫人痴迷其中。

"对了,老师,如果种在室外,等到开花时,万一有人看着好看摘去,然后中毒了怎么办?责任是不是又在我们?"小彤忽然抬起头,向我提了个挺有远见的问题。

"我们设计组可以做一个警示牌，提示花朵有毒，还可以进行植物科普。"我们班的设计组担当小君立刻挺身而出。

我点头微笑，根本不用再多说一句，这群可爱的同学比我更想要安放好这种美丽且有毒的花儿。

下课铃响起，同学们按照分好的任务集体出动，有人去学校分头寻找空地，有人去找学校领导申请，有人跑过来仔细研究这些像大蒜头一样的郁金香种球，有人用教室电脑搜索如何种植……

事情进展得非常顺利，我们如愿在教学楼前一处角落种下了属于我们班的"魔法种子"。我给他们拍照留念，他们每个人都笑得特别甜。

如果不是那句"老师，我反对"，可能就没有这处我们班专属的小花园，也不会有人人赞叹的"亮眼"爱心班级名片，更不会有我记录下的这个可爱的故事。

我要感谢小唐同学勇敢的反对声，也告诫自己：常听一下同学们反对的声音，或许会有新的收获和突破。

同学，你可以说"不"

"听老师话"这四个字是许多父母常挂在嘴边的话，也是许多孩子每次上学前都要听一遍的"爱的叮咛"。这样听话的孩子，长大了会怎样呢？

前天接了一个电话，是我曾经教过的一个女生打来的，她今年刚刚参加工作，她哭着对我说了好多工作上遇到的困惑，各种加班的苟且和辛苦，努力却得不到领导的肯定，还被同事误解和诬陷，她只能一个人敲碎牙齿往肚子里咽。我表示想听她聊聊具体的事情，然后一起分析一下采取什么对策，她却避而不谈，还故作坚强地笑起来："老师，不说了吧，有时候就是感觉没人听我说话。有你听我已经舒服多了，我会好起来的，放心吧。"听到这里，她当年那副乖巧懂事的模样一下子浮现在我眼前。如今十年之后的她还这么"懂事"，令我很心疼，但这复杂的心情里又掺杂了一点点开心，因为她对我说"不说了吧"，这何尝不是她渐渐学会拒绝的表现？

我及时地表扬了她的"拒绝"，然后我们继续追忆了一下过去的时光，聊到学习文言文《童趣》我带他们到乒乓球台下面抓虫子，她还记得我们是逐段学习、分段背诵，她说她应该是第一批背诵全文通过的"好学生"。我问她记不记得那个为了逃避背诵检查，躲在台子底下怎么也拽不出来的男孩。她说："他呀，现在自己当老板呢，开了一家物业公司，很牛的！"

我恍然失了神，心中百感交集。曾经在学校表现不错的学生，也就是我们常说的"听老师话"的"乖学生"，到了社会工作之后，在学校的优势荡然无存；倒是那些常常坚持自我想法的同学，发展得很不错，出乎人的意料。这究竟是为什么呢？人到中年的我，开始自我反省，其实我也算是个听话的小孩，结合我自己的经历，我发现我们这种人都有个共性，在家听父母话，在学校听老师话，从小就学会了听话，做任何事都习惯了按部就班，以至于真正到了社会上，脑子里就只剩下"听话"这两个字，不敢发表自己的意见，不敢开口反驳一个"不"字，亦不敢突破现有的局面。可能在性格上也会潜移默化生出一份懦弱，不敢跳出"听话"的舒适区，遇事多选择逆来顺受，为了迎合别人而委屈自己，同时也缺乏抗压的能力。

忽然又想起一个学生，刚刚毕业的这一届里有个叫小羽的男孩，因为我是中途接班，与他认知里的班主任风格相去甚远，于是他在给我写的第一封信里就明确地表达了自己的想法："你的管理风格我没意见，只是不能赞同。你布置的周记，我也不会写，因为会浪费时间且毫无意义。"当时读到这样的文字，我内心是不平静的，但当我真正落笔给他写回信时，却无比坦然自若了。我说，我很高兴看到他有自己的想法，继而解释了周记本的作用：它本身就不是作业，更不是非要完成的任务，它只是我们彼此了解、沟通的桥梁。最后我还真诚地建议他，如果不想写，就当成积累本吧，摘抄一些好的句段。

再一次看到他的周记，我哭笑不得。他把周记本当成了记录作业的本子，甚至还在上面给他的数学题打起了草稿。这可是我个人自费为整个班的同学私人订制的"主题周记本"，初次见面时我作为礼物送给大家的，如今却落到了草稿纸的下场，我心里的滋味可想而知。可是转念一想，总归这个本子对他来说还是有用的，他之所以交上，是再次表明他不写周记的想法而已，那我也写我的想法就好了。就这么相安无事近一个月，他记他的作业、打他的草稿，我写我的摘抄和发现、评语和祝福，直到学校组织篮球联赛。

"同学们，带好板凳，我们去当啦啦队，今天是我们班对战三班！"某个周五下午，我热情洋溢地宣布了这个通知，一片欢呼声过后，小羽同学站起来说："老师，我可以不去吗？""啊？你怎么了，有什么事？"我吃惊地问。"我没事，就是问问可以不去吗，我不会打篮球，也不想看。""最好还是去吧，这可是咱班集体项目，不会打篮球没关系，咱是去加油的啊。"我耐心劝导他。"哦，那我带着题去那里做吧。"他还是坚持了自己的学习想法。于是整场篮球比赛，在此起彼伏的加油声中，他安静地坐在一个角落默默地计算着数学题。那个周末之后，他没有再交周记本，我悄悄问过他，他还是坚定地告诉我同一个原因："我不想写，浪费时间。"

我很难过，很惋惜，却没有什么好办法。

有一次学校组织九年级全体观影活动，同学们都激动地等待电影开始，我却惊讶地发现他没有到场，并且也没有向我请假。我快速地跑回教室，在教室里找到了他，他只开了最前排的灯，坐在那里静静地做数学题。在我犹豫该不该打扰他时，被他发现了。"老师，我不想去看电影。""我觉得，你该和我说一声才是，我刚才找不到你好担心。""哦，对不起，我以为和你说了，你又像上次那样建议我去，我又不能拒绝老师，灯光太暗又不能带作业去做，所以……"他抬起头看着我，有些愧疚的样子。其实那个时候在我心里生出了更大的愧疚——上次"强烈"建议他去篮球场实际上就是我用老师的权威在"迫使"他听话，所以这次他才直接选择"逃避"我。我首先对打扰到他学习表达了歉意，并且表明对他认真学习的态度很欣赏，但是希望他下次一定记得和我说一声，或者让同学捎信给我。他不好意思地笑着点头，还很可爱地咬了咬笔头。

我接着给他的父母打去了电话，想更加全面地了解他的性格特点。他父母说，热爱数学、擅长编程的他不喜欢"凑热闹"，我一下子就明白了，正是因为"安静"使他集中注意力，他才能在热爱的领域探索和创造，所以他才一次次问我可不可以"不"。他的父母突然说道："对不起啊，孩子不听话，给您工作添麻烦了，我们替他道个歉。"我赶忙打断："没事啊，我觉得他挺好的，认真而执着，将来一定大有作为。"

这次家校沟通很及时，也很有实效，一定是他智慧的父母从中做了很好的联结，他竟然又开始交周记本了，尽管他只是在摘抄一些他喜欢的句子。我发现他特别喜欢鲁迅先生的警句，于是我在回复的时候，也会引用鲁迅先生的良言。

他就是他，谁也没想去改变他，他却悄悄有了诸多变化。在我的课堂上，他开始积极地回答问题、参加辩论、登台讲《儒林外史》；在班级里，他积极竞选"课代表"一职，一如既往地勤恳踏实；他在录制班歌的时候，主动挑起钢琴独奏的大梁，让同窗三载的大家首次知晓他竟然是钢琴十级选手；他写的周记越来越有内容，也很有意思，他会写一千米测试时的心理感受，也会写他读我的朋友圈写他的文字之后的感受，会写小时候的他是一个玩小纸团都会乐此不疲的孩子，还会写他发现我感冒了，嘱咐我多喝水，快快好起来……

他还是他，"不听话"的他，可他也是让我骄傲的他。中考过后，分数很高的他，主动告诉了我他的想法，他不能留在本校继续读，因为他想去他更心仪的高中，那里有他很佩服的计算机编程老师。听完后我送上祝福："坚持做好你自己，三年后再听你的好消息。"他简单而坚定地回复："好！"

近二十年的教师经历中，我见过太多"听话"的孩子，也见过太多"不听话"的孩子，在此之前，我的教育观念因循传统，喜欢"听话"的，冷处理"不听话"的。这件事促使我觉醒，我更加希望我的学生能具备我身上没有的那种"能量"。所以我开始欣赏每一个学生，无论他们是否"听我的话"，我都会尽我所能地保护好他们作为孩子的天性，鼓励他们勇敢地表达出自己真实的想法，告诉他们每个人都有可圈可点的优点，听从自己的声音，做好自己比什么都重要。

老师的话，他们认为温暖而又有价值的，可以听；老师的话，他们认为不准确、不符合他们认知的，可以不听，可以反驳。在老师的面前，每个学生都可以说"不"。

放心去"飞"

中考前一周,空气里弥漫着紧张的气息。

下午第二节课后,我正和几个学生沟通作文的修改问题,忽然听到一阵哄闹声从教学楼前小广场那边传来。我抬头张望,没发现异样,于是皱了皱眉继续我的讲解,等学生们纷纷表示写作思路很明朗后,我才从教室退出来,心情难得的轻松。

刚到办公室,迎接我的却是年级主任的一番"教导":"马上就要考试了,你得跟紧哪,刚刚你们班五六个男生在小广场上放纸飞机,追逐打闹,你得紧跟上批评教育,别让这几个人带坏了风气。""啊?五六个人?怪不得我刚刚听到小广场那边有异响。好的,主任,我有空就去处理。"我认真地说道。"什么?还要等你有空?等你有空的时候,事情早过去了,再教育就没意义了。"主任端起一杯水,咂了一口,紧盯着我,"这不是个很好的教育时机吗?你正好抓住他们,他们把试卷都折了飞机,还怎么做题?你正好教育他们收收心,静心投入复习。"主任还在执着地循循善诱。"哦,我马上过去。"我深吸一口气,放下水杯,准备去教室。"你别生气啊,教育学生可别带个人情绪,生学生的气不值当的。"临出门,又听到主任对我语重心长地提醒。

走在去教室的路上,我脑海里不断浮现出主任口中的"教育"二字,是啊,教育究竟该是什么模样?教育者怎样才能抓住教育的时机?受教育者应以什么状态存在?接下来我这一场"教育活动"的突破口又是什么?我想不出该如何去面对那些孩子,脚步便不由得慢了下来。

"老师,我们班好像又被扣分了。"班级"百事通"浩宇同学急急忙忙奔向我,一下子把我撞醒了。"哪方面又被扣分了?"我顺着他的话问下去。"刚刚几个人在小广场那儿放飞机被抓了,回来说一人扣班级量化五分,他们现在正在教室里不知所措呢。""哦,我知道了,我正要去安慰他们。"没有任何思考,我真的就将"安慰"一词说出了口。"百事通"愣住了:"老师,你该不会是被气傻了吧,你不批评他们反过来还要安慰他们?"我笑了笑,点点头,忽然百思不得其解的问题有了答案,对,就是"安慰"。

我往教室门口一站,莫名其妙的压迫感来袭,许多双眼睛盯着我,似乎等待一场暴风雨降临。"刚才小广场上的那几位'飞行小子'出来一下。"我没有横扫全班,只是言简意赅留下这句话就出了门。"你们班审核通过了这么多飞行员吗?"紧随着几位同学出来的竟然还有历史老师,她笑意盈盈地问道。因为中考前有"招飞"测试,她一定是误会了。"啊,王老师,这节课是您的课对吧,他们不是参加'招飞'的,我找他们几个说点事,就让他们进去。"我为刚才没有注意到王老师而尴尬。"没事,你聊就行,快中考了,自习课,让他们自己查漏补缺。"王老师是个性格爽朗的人。

我仔细数了数站成一排的男孩子,竟然有七个。"我听领导说五六个人，看来信息不准啊。"我先发话了。"老师，对不起。"几个人异口同声。"为什么说对不起啊？"我假装轻松。"这就毕业了，又因为我们给班级扣分了，导致我们班离优秀班集体又远了一步，我们很内疚，老师，您看怎么惩罚我们吧。"最擅长表达的小杨同学低着头不敢看我。

"别内疚了，我不怪你们，我猜你们一定是压力太大想要放松一下，飞机可能代表'远走高飞'的意思，对吗？"我安慰道。

"是的，老师，最近感觉压力太大了，试卷上的题目有很多不会做，就想放弃，很焦虑又很压抑，真的很不舒服。"小隽同学被我一"共情"说出了心里话。

"是啊，快中考了，有压力很正常。你看谁不是咬着牙在坚持呢！可是试卷都是老师们精选的题目，为的就是帮助大家巩固训练，查漏补缺，不能拿试卷出气啊。试卷属于老师的劳动成果，你们折成了飞机，实在太可惜了。"我盯着他们每一个人郑重其事地说道。

"我们知道错了，真的，老师，我们保证再也不把老师印制的试卷折纸飞机了。"小杨忽然抬起头，直视着我的眼睛，第一个抢先保证。

"折纸飞机还是卡纸最适合，颜色也丰富，我可以给大家买一些。"我无比真诚地建议。他们没有料到我竟然没有半点惩罚的意思，于是都放下心笑起来。我没等他们说话，继续说道："还有啊，下课后大家组团放松，我很支持。只不过这地点选得有点不合适，偌大的操场，长长的跑道，才更适合放纸飞机呢。如果你们还想赛纸飞机，下午我带大家去操场，你们把飞机折起来，放心去赛，我为你们呐喊助威。"

"谢谢老师，我们等中考完再放纸飞机吧，现在时间有点紧张了。"一直沉默的小周同学终于说话了。

"你们觉得呢?"我又问其他几个人。

"对，时间有点紧张了，我们浪费不起了。"其他几个人附和。

"好，我相信大家。那我们做个约定吧，等中考完，毕业典礼的时候，你们七个人负责折纸飞机，布置我们的教室，最后大家一起来放纸飞机，拍一张放飞大合影。"我热情满满地提议。

"收到，保证完成任务。"快言快语的小杨同学站得笔直。

我手一挥："进去背历史吧，放心去飞，勇敢去面对，中考加油。"这七位可爱的"飞行小子"看了看我，笑了，几乎是同时喊出一句有力的"加油"！

教育学上关于"惩罚"的概述是：惩罚并不能使行为发生永久性的改变，它只能暂时抑制行为，而不能消除行为；心理学上关于"安慰"的理论是：真正懂得安慰的人是有力量的，会安慰别人才会和他共情，走入他的内心世界，从另一个角度唤醒他内在的能量，从而改变他的行为。教育孩子无定法，因人因事而异，惩罚必须慎用，有时候用安慰代替惩罚更有效。

选 择

听到争吵的时候,我已经隐约感觉到那声音是从我们班男生寝室传出来的,可是当我疾步走进那间寝室,正和宿管老师争吵的孩子却令我大吃一惊,怎么会是他?

"让你枕着枕头好好睡觉,我说得不对吗?"宿管老师看我来了,开始还原这场争吵的起因。

"我就喜欢枕着被子睡觉,枕着被子睡觉舒服,我有错吗?"他坐在床上,头发蓬松,噘着嘴不依不饶,一副针尖对麦芒的样子。

"想舒服,你回家!"宿管老师很生气,重重地把这句话说了两遍。

"那你凭什么拽我的被子,还用拳头捶我?"他话锋一转,继续争辩,还将目光转向我,试图从我这里获取一些安慰。

我还来不及做出任何反应,便听得怒气冲天的一句:"我什么时候捶你了?你当着你们老师的面说清楚。"宿管老师显然已经忍无可忍了。

看着瞬间沉默的他,我用平静的声音严肃地说:"你穿好鞋,跟我出来。"就这一句话,竟然让他的泪水决堤了。他大哭起来:"我没有违反纪律,我只是喜欢枕着被子睡觉,我没有错,我没有违反……呜呜……"他一边抽噎着一边从上铺下来穿好鞋,我刚要伸出手去拍拍他的肩,宿管老师抢先一步抓住他手腕:"你跟我去值班室,别在这里影响其他同学睡觉!"

我们就这样一前一后进了值班室,转换了场地,我以为这场战争会得以平息,不料他和宿管老师都余怒未消,一触又发。"我枕被子怎么了?你凭什么管我?""被子是用来盖的,不是用来枕的。""我愿意枕什么就枕什么,你管得着吗?""我当然要管,你起了床,被子叠不好整不齐就走了,我是宿管,我不管你管谁?""我是我们宿舍叠被子叠得最好的!""谁给你评的最好?是你自己封的吗?""就是我自己封的怎么了?""你……"这时另一位宿管老师过来揽着他的肩膀,边往宿舍方向拽他,边和风细雨地说道:"好了,老师都是为了你好,回去睡觉吧,你看你班主任站在那里都生气了,你麻利地听点话吧。"他挣扎着,努力地回头看了我一眼,就这么半推半就被拉走了。是的,自从进了值班室,我就如同一尊石像,自始至终都没有说过一句话,我原以为眼前争吵的他们,会很快明白翻来覆去的争吵不会有任何结果而停下来,可是没想到半路杀出个程咬金,一场纷争喧闹戛然而止。

"对不起,是我没有教育好我的学生。"我临出值班室的时候,艰难地说出这句道歉,还在气头上的宿管老师并没有看我,也没有回复,只是摆摆手。我悄悄地走到117寝室门口,听到没有任何动静,才叹了口气离开。

辗转反侧无法入睡,我知道这对于大人来说,的确称不上什么大事,很快就会翻篇过去,可是对于一个孩子来说呢?刚刚哭过的他是否也睡不着呢？他此刻在想些什么呢？是宿管老师的无端刁难，是班主任老师的袖手旁观，还是自己没有做错任何事却在众目睽睽之下被拎到了值班室，又被另一名宿管老师"押解"回宿舍？……要知道他在我眼里，是那个刚入校时因第一次离家住校会想妈妈哭鼻子的小男孩，是那个因为得知家长第二天会来给他送东西而翻来覆去睡不着的执着小男孩，也是那个不管说什么话都先眯着眼睛笑起来的可爱小男孩，更是那个见了老师就想躲快步避开的腼腆小男孩……我万万没有想到今天和宿管老师顶撞争吵的人竟然会是他！

《荀子》中有言："居楚而楚，居越而越，居夏而夏，是非天性也，积靡使然也。"对于一个三观正在养成的七年级孩子而言，他的老师不去无端恶意评论他，他所处的环境让他感觉到安全，是他对这个世界怀有善意的力量源泉。当你发现一个七年级的孩子遇到成长过程里的点滴小事会哭会大喊，其实已经证明他认为这是一件大事，如果我们视而不见听而不闻，会让他觉得自己的悲伤没被看见，自己也没被尊重、理解、接纳。我深知为人师表，怀着任何偏见跟孩子一般见识，是愚昧无知的做法，老师的每一句话都应该是抚慰孩子的暖阳而不是刺向他们敏感内心的利剑。

等我再在教室见到他，他已经没了剑拔弩张的气势，那个腼腆的小男孩又出现在我眼前。我轻轻地拍拍他的肩，温和地说："跟我出来一下。"他跟着我走到办公室，我搬了一个凳子，让他坐下。"我想听听你的真实想法，事情重来一次，你还会选择和宿管老师发生冲突吗？"我先开口。他抬起头看着我坚定地说："会。""哦，我猜你也会。"我顺着他的话，笑着说。"啊？老师您觉得我就是个顶撞老师的坏学生对吧？"他皱起眉头，担心地看向我。"顶撞老师不见得就是坏学生，如果你认为这种形式能保护到你，你心里舒服，又没伤害到他人，我就支持你。"我看着他真诚地说。"老师，其实顶撞老师并没有让我舒服，可是他对我吼叫，用难听的话威胁我，我感觉自己很没面子。可是我这一闹又会影响咱班在宿管老师心中的形象……"他忽然停下来，看着我。从他连用两个"可是"我便知道这件事真的在他心里还没有翻篇，所以我们这场谈话非常有意义。

"宿管老师有优点吗？你仔细想想，说出一条就行。"我主动转移话题。"嗯，有，上次我想家，他借给我手机，我和妈妈通了接近二十分钟的电话，用他的电话费，他什么也没说。""那你当时对他说了什么？""我说'谢谢老师'。""他回复你了吗？""嗯，他说让我快点回去安心睡觉。""是用吼叫的语气说的吗？""不是，很温和。""那你能想明白点什么了吗？"我笑着鼓励他去思考。"他让我枕在枕头上，我觉得枕头太矮了，我不仅没听他的，还大声说枕被子舒服，他可能被激怒了才对我吼的。""你喜欢枕得很高对吗？"我又岔开了问题，他突然舒展眉头看了我一眼，点点头。"其实枕太高了可能会让人落枕，对人的颈椎也不好。如果你觉得学校的枕头矮，下周可以从家里带个枕头过来，睡醒后将自己的枕头放在橱子里收好就行。"我建议道。

"好的，老师，对不起。"他抬起头看着我说道。

"为什么要对我说'对不起'？"我问他。

"我感觉你当时生我气了，气得一句话都没说。"他又低下了头。

"其实我和你一样，突然感觉自己很没面子。只不过你感觉自己没面子选择大声争吵，而我选择了沉默。"我依旧笑着说。

"哦，老师我懂了。我想向宿管老师道个歉，我不想因为我一个人影响了咱整个班在他心中的形象。"他若有所思。

"你是选择当面道歉，还是写下来?"我问。

"写检讨吧，当面我可能不会说。"他不好意思地挠挠头。

"你选择写一篇检讨还是写一封信?"我继续抛出选择。

"我选择写封信，我和宿管老师解释一下我的想法，对顶撞他说声抱歉，现在再争论对错已经没有任何意义了。"他言语间带着果断。

我们俩相视一笑。

看他欢快地回教室，我静在原地思忖良久。教育从来都没有捷径，只有耐心解读孩子的愤怒、失望和伤心，才能共情他们的情绪和真实感受，引领和启迪他们朝更好的方向发展。

分……手……吧

之所以在"分"和"手"之后加个省略号,是因为这个过程有点一言难尽,或许也能给我们每个人都留下一个含蓄的后续。

前提是"牵手"

"夏老师,夏老师,你快去操场看看啊,快点,你们班某某和某某正牵着手在散步呢!你快去管管!"那天下午,我们年级主任焦急地和我说道。

"咳……"正端着水杯喝水的我,差点呛到自己。

"啊?!这么明目张胆了?那你咋不管啊?"

"俺不好意思管。"年级主任笑了。

"那我就好意思吗?"我也笑了。

"你是他们的直系班主任,你快去见证一下吧。"年级主任幽了我一默。

我慢慢地喝完半杯水,缓缓地站起来,打开办公室门的那一刹,我都还没想好要怎么出现在他们面前,说点什么才合适。作为刚接这个班还不到三天的新班主任,好多事情我还没摸清楚,连人名都对不上号呢，上来就给我这样一道难题，我好怕无解啊。

"唉……别想太多了。"我深吸一口气，先去看看吧。

"老师好！""老师好！"突然耳畔传来二重问候声，他们俩一前一后迎面走向我，特别自然地跟我打了个招呼，那一瞬的夕阳余晖正巧打在他俩身上，形成一幅特别唯美的画面。我微微扬起嘴角，一句话也没有。

看着他们并行着回了教室，我竟然还呆在原地。

一起吃饭吧

上述前提，自然引发了我多方位的观察和注意。

吃饭的时候，我们是一排十二个人，因为班里只有四十七名学生，所以分了四排还余一个位。他俩坐对面，头对头吃饭，偶尔也会笑着闹着，有时候还会彼此分享自己碗里的美食。正因为他们俩自带"耀眼光环"，女孩身边总会空出一个座位。我观察了几次，大家都是吃完饭就走，他俩却在那里"细嚼慢咽"，大家仿佛也都已经见惯不怪了。

之前我都是坐在教师就餐区和各位班主任一起吃饭，吃完饭就收拾餐具走人，从未留意过还有人无比珍惜这宝贵的"就餐面对面"。

这天，我打了饭，一转弯来到了女孩身边。

不需要说什么，我麻利地坐下就开始了自己的吃饭"表演"。我旁边的男孩小金跟我开起了玩笑："老师，你怎么会来这里吃饭？是这里的吃饭氛围浓厚对不对？""嗯，别说话，快吃，不然饭菜都凉了。"我头也不抬，装作若无其事地忙着吃饭。

不出所料，他们俩成了我们这一排吃饭最快的两个人。

"再吃点吧,你还剩这么多呢。"我跟女孩说。

"不吃了,饱了。"她羞赧一笑。

"老师,你果真秀色可餐啊,你一过来,大家都饱了。"小金依然油嘴滑舌。

"怪不得你那么瘦,吃这么少啊?"我仰起头看看那个瘦瘦的男孩,假装关切地问。

"嗯,老师再见。"说完,他们就一前一后端着餐盘离开了我的视线。我没好意思转过头去跟随他们的背影,只是督促其他人"快吃,快吃"。

"老师,你吃饱了?这么急要干啥去?"见我匆匆扒拉几口饭就站起身,小金关切地问。

"别说话,吃你自己的饭。"说完,我就收了餐具,一阵风一样飞奔出餐厅。我早有预谋,下一站,操场见。

嘿,竟然扑了个空!

看来没那么复杂啊,是我草木皆兵了。

后来才知道,其实是我打草惊蛇了。

又到了吃饭的时候,我端着餐盘,正犹豫着要不要继续坐到女孩旁边,不料女孩大方而自然地招呼我:"老师,过来啊,我们一起吃饭吧。"

"好啊。"我也无比大方自然地接受了她的邀请。

饭好吃,人好看

就这么一起吃了一个多月的饭,我们从一开始闷头吃饭不说话,到慢慢互相拿筷子,帮忙端稀饭,分享自己的美食,我们这一大桌子人成了餐厅里其乐融融的风景。

他们俩也不像一开始那么拘谨了，渐渐地和我们保持同频，一起吃饭、聊天、收拾餐具、回教室。

别的餐桌上的人开始羡慕："老师，你为啥不来我们桌？""你们桌没有空位。"我都是这样"如实"回答。

"我们这桌人啊，饭好吃，人好看。"女孩比较外向，总是能勇敢地表达自己的想法。

"噫……了不起，了不起。"其他桌男生瞎起哄。

"你们是不服吗？你们干号啥呀？我们就是人好看，饭好吃。"我也霸气地回了一句。

"就是的。"说话间，女孩挽起我的胳膊，和我一起肩并肩走下楼梯。

我还没反应过来呢，更别提那群臭小子了，哦，还有那个瘦瘦高高的他，就这样被我们无情地"抛弃"了。

我和女孩一路走到了学校的操场，望着偌大的操场，长长的塑胶跑道，我先说话了："你是有什么话对我说吗？"

"呃……也算有，也算没有吧。"女孩松开挽着我的手，长长地舒了一口气。

"那说说吧，想说什么就说什么。"我也仰头深吸一口气，然后缓缓吐出来。

"老师，其实我知道您到我们桌吃饭的原因，您还特地坐在我旁边，说实话一开始挺反感的，可是现在习惯了，习惯了右手边坐着您。还有就是，我知道您去操场等我……呃，我们，嘿嘿，我们再也不去了。"女孩微笑着看我，我发现，戴着牙套也无法掩饰她的美。

"我，也算人畜无害吧。"我诚恳地自我评价。

"嗯，您和其他老师不一样，我一直以为得有一场暴风雨呢，可是从您那里，总是看到艳阳高照，温暖自然。"她依旧勇敢地盯着我的眼睛说道。

"啊，没啥啊，如你所说，饭好吃，人好看，这就是吸引力法则吧，我们大家都如此美好。"我有点慌，前言不搭后语，也不知自己在说什么。

或许吧，好多事，看破不说破，才会有奇迹发生。

乃"兵家"常事

有一天，女孩没有坐过来吃饭，因为班里有人请假了，她坐到了其他桌，和她的好朋友。

男孩一个人坐到了我平时坐的位置，和小金挨着。

我笑了笑，坐到了他的位置上。

"老师，您为啥不问问咋回事？"小金狡黠地笑着问我。

"啥事咋回事？这不是兵家常事吗？"我也狡黠地笑着答。

"高手！老师您是高手！可别提了，他以前没谈恋爱的时候天天和我们宿舍兄弟同吃同睡，现在被人嫌弃了才想起我们来。"小金对我滔滔不绝，一旁的男孩不好意思起来，让他快闭嘴吃饭。

"闭嘴咋吃饭？"小金一如既往无厘头。

"老师，我去给你端汤。"一旁的小恒站起来打破尴尬。

"哇！你真是个暖男啊。"我由衷地赞叹道。

"我要是女生，我就喜欢小恒。"小金这家伙的幽默是无孔不入。

"我不是女生，我也喜欢小恒。"旁边平时不爱说话的小杰竟然也加入了打趣队伍。

小恒笑了:"老师,我不是暖男,我是热男,比暖还暖,热血男儿一枚!"

哎呀,这一热一暖之间,让人看到了这群男孩有多可爱。

我饶有深意地看了瘦高男孩一眼,说道:"兄弟感情是真的,未知的感情总是充满未知啊。"

夜吟应觉月光寒

李商隐的《无题》这首诗歌被放到九年级上册语文课本里,简直是太好了。

诗人的那种爱而无望、思而不得的愁,正好让这群"情窦初开"的小伙子观摩体味一番。

我先让他们读,读出"相思",读出"痴情",读出"愁苦",读出"无奈"……从"相逢离别"到"至死不渝"再到"内心痛楚"再到"寄托青鸟",然后让他们说说最喜欢哪一句,为什么。

我先让班里一个爱说相声、内心单纯的男孩回答。他说喜欢"相见时难别亦难,东风无力百花残"这一句,说这句连用了两个"难"字,再加上春风不再暖、百花不再开的景象,象征了爱情的艰难。他最后幽默地总结了一句:"这难度不亚于两个人一块解几何证明题,大家还是好好学数学吧,学会了那至少是自己的。"

笑声四起,掌声一片。

我又让一个喜欢唱歌、平日就很爱美的女孩发言。她说喜欢"春蚕到死丝方尽,蜡炬成灰泪始干"这一句,因为太感人了,春蚕作茧自缚,蜡烛兀自煎熬,生命耗尽而爱心不变,这样忠贞不渝的爱情很值得称赞。

"千百年来大家都在称赞这一联,有人甚至引申到形容教师无私奉献上来,可我很不能接受。"我皱着眉头说。

"就是啊,为什么要称赞?把爱情比喻成春蚕作茧自缚,蜡烛燃尽成灰,我觉得一点都不美好,不值得学习。为什么不能在爱情里好好地全身而退呢?非要牺牲吗?"故事女主角竟然不启自发了。

"哎哟,厉害,高人啊!有感而发吗?"大家开始起哄。

"小南姑娘,你总能和我不谋而合。"我笑着看她,给她肯定的评价。

"来,继续分享,说说你喜欢哪一句。"我及时进行了"拨乱反正",信手点了那个瘦瘦高高的故事男主角。

全班屏息凝神,想听听他说什么。

他说:"我只喜欢'夜吟应觉月光寒'这一句,或许只有失眠的人才有同感吧,睡不着的时候,才会注意到月光,所谓的月光寒是能表达出来的,而心寒是说不出的。"

"哦,好深刻啊,有见地就是不一般。"班里那几个"起哄精"仿佛又抓住了什么把柄。

"如果喜欢让人如此痛彻心扉,想没想过不喜欢了?"我用眼神熄灭了起哄的火苗,追问男孩。

"任何事都这样吧,我认为不只是爱情,当坚持喜欢一样东西看不到希望的时候,谁都有放弃的念头。"他说。

"现在的孩子,已经跟我们那个年代的不同了,他们的所思所想所感,都远远超越了我们。"我脑海中忽然闪过这个想法。

"可是,诗人想要表达的这种思而不得,是成年人都承受不起的愁苦，我在想，如果换作未成年人，会耽误多少原本单纯而快乐的时光呢？"我示意男孩坐下，并看着全班同学说了这句话。

他们仿佛都若有所思。

最好的时机

一晃三个月过去，转眼到了冬天。

我们还是每天一起上课、学习、吃饭，说说笑笑。

可是很奇怪的是，当我完全融入这个班集体，反倒觉得传说中的"一对对"都不那么显眼了。他们各自有了朋友，又在各自的学习小组里担任了一定的职务，每天收发作业，和同学讨论问题，过得特别充实。

我们班有书写心情的"阵地"周记本，我从一开始就告诉孩子们，不能当面说的话，都可以写下来，你认认真真地写了，我一定会认认真真地回。

可他们在周记里谁也没记录或者提起这事，我也不问，仿佛都心照不宣。

终于在期末考试前，我们的女孩在周记里写道："这是最好的机会，好聚好散吧。"我假装什么都没发生一样，给她评论："最好的遇见，是不问过往；最好的告别，是不问归期；最好的自由，是在高处；最好的年纪，就是现在。"在下次周记中，女孩回道："亲爱的夏夏，我喜欢这样叫你，也喜欢被你喊作小南姑娘。我从未想过有一个老师会如你这般，接纳我，接纳我们。越来越明白自己要干什么，就不会再去做那些无聊的事情了，你的小南姑娘长大了，祝我好运吧。"我微微一笑，画了一个笑脸，配了两个字"祝好"。

再说男孩,他在周记本上写下了"更高处见"四个字。他还主动到办公室问我作文怎么写才能不失那么多分,我告诉他,用心写,慢慢写。他笑着说还是不会写,我说我愿意教你啊。我们先从审题开始,再到构思,再到布局。我嘱咐他最终文采还是靠积累……他听得特别认真,最后拿了我送他的一个笔记本当摘抄本,开开心心地离开了。

这真的是最好的时机,谁也没有刻意去"分",却慢慢地分开了。

也许我们只是分开去做自己的事情了,当手不牵在一起了,就有了更多的自由和可能,而我们的心,其实还连在一起。

系好你的纽扣

去年刚送完一届毕业生，没想到又接了一个毕业班，我因此也遇到了一个充满故事的班级和这个班级里的铭泽。

开学第二周周一返校回来，语文早读时候，铭泽同学不好意思地从书包里掏出一张纸，递到我面前："老师，我上周在宿舍犯错误了，生活老师让我写检讨，需要您签字。"我笑了笑，拿过纸来，一共不超过二十个字的检讨书，一看就是应付了事。我没有追问他犯了什么错误，只是从语文老师的角度从格式和内容上提了建议，他好像也没有想到会是这个样子，不好意思地笑着说："那我重新写一份吧。"

午休期间，我想去男生宿舍看一下新来的插班生是否已经适应了环境，正好赶上值班室里的一场暴风雨——

只见生活老师非常气愤地对着铭泽大声说："你说你写了，你给我啊，就知道骗人！"孩子昂着头，扯着脖子青筋暴露地大喊："我就是写了，虽然还没写完！"

"满嘴胡言乱语，态度还不端正。"

孩子咬着牙，语气也变得挑衅："我哪里不端正？"

我的到来，缓和了剑拔弩张的气氛，生活老师略带颤抖地说：

"你自己和你班主任说吧,可把我气死了!"

我看向铭泽,他的脸涨得通红,看到我却不好意思地低下了头:"老师,对不起。"我问他为什么要和我说对不起,他说:"你一来就看到我这样。"我这次没有笑,指着他的校服脖颈处:"先系好你的纽扣。""哦。"他说着更加不好意思地低头系起了纽扣。

"为什么对生活老师大声吼叫呢?有话可以慢慢讲的。"我问。他更加不好意思起来:"他先对我大声吼的,我最受不了别人对我吼。""你受不了,却要用你最不喜欢的方式还击,那你受得了自己吗?"我继续追问。"我也受不了自己这样,可能是我的态度不好吧,他总是说我态度不端正,我也不知道什么态度才算端正。"他皱着眉头,撇了撇嘴。

我拍拍他的肩膀,告诉他:"你现在和我板板正正地说话,仔仔细细地分析问题,就是态度端正的表现。"他点点头,走向生活老师,轻轻说道:"老师,对不起,我下午一定写完检讨书交给您。"生活老师也缓和了语气:"那行,你是个好学生,我相信你是能说到做到的。"

后来,大家一致推举他成了他们宿舍的舍长,偶尔宿舍卫生和纪律也会扣分,我都是让他知道我已经知道此事,他便心领神会,接下来会表现得很好。我欣慰地想,铭泽长大了,懂事了。

毕业前三个星期,天气突然热得令人发慌。一大早,我就接到了生活老师打来的电话:"夏老师,我觉得这件事情必须向你说一下,过去的日子里,你们班铭泽同学再怎么张扬跋扈我都忍了,可是他昨天晚上竟然当我的面骂我,这实在让我无法忍受,我一晚上没有睡着觉。这个孩子什么素质啊,我先把这事反映给你,看你的处理,如果处理不好,我继续找学校领导。我不能让他就这样无礼,将来走入社会他非得吃亏。"隔着电话线,我都能听到生活老师气到颤抖的声音,也仿佛看见了他因为愤怒而涨红的脸。

我赶忙像个孩子犯了错被人找上门的家长那样道歉:"叶老师,您先消消气,这件事我一定严肃处理,让他当面向您道歉。您别生气,我也先向您道歉,我没有教育好他。""不是你的事,这个孩子说话太无法无天了。"生活老师明显火气小了一些,"我也挺抱歉的,作为老师,就是我没教育好,才让他这般欠'收拾',您别生气,我马上调查清楚,需要叫家长过来,我就叫着家长,我们一起过去向您道歉。""唉,我让他气得不舒服,先这样吧,你先了解一下,看看他的态度,再决定怎么处理吧。"生活老师叹了口气就挂断了电话。

我也长舒一口气,走进教室,看他正卖力地背历史,我一时间又想不出什么理由打断他的学习了。我在教室来回走了好几趟,反复思考如何更好地和他对话,直到离下课只剩五分钟的时候,我才轻敲了下他的桌子,示意他出来一下。

"怎么了,老师?"没想到,他竟然笑脸盈盈地主动问我。

"扣子。"我又指着他的校服说。

"哦,太热了。"他毛毛躁躁地边说边系,结果将第一粒扣子穿到第二粒的扣眼里。

"第一粒扣子扣错了,剩余的扣子都会扣错,一步错,步步错。"我继续说。

"哦,懂了。"他嘿嘿地笑起来。

"我想知道昨天晚上发生了什么事情,让生活老师今天早上还生气,一大早就给我打电话。"我盯着他,并没有笑。

"哦,他告诉你我骂他,对不对?"他也收敛了笑意。

"难道你没有?"我继续盯着他的眼睛。

"我就是口头禅而已,我说天气那么热,谁 TMD 也不开空调,一回头,生活老师就站我身后,他就说我骂的是他,我真不是骂他。"他拧着眉头急于向我解释。

"那,你骂出来的'谁'是谁呀?"我不再盯着他,而是随意看了一眼手机上的时间,马上要打下课铃了。

"我也不知道我骂谁,就是习惯这样说话了。""你这个习惯可不好,把骂人当习惯了,你家长知道你这个习惯吗?"我再看他的时候,他低下了头,正好下课铃响起。

"老师,求你了,不要让我家长知道。我一人做事一人当,我可以写检讨,可以向生活老师保证不再和他顶撞,也可以当面向他道歉。"他竟然为了不让家长知道这件事,为自己找好了这么多条"退路",那我偏要"激将"一下了。

"这件事,我们说了都不算,生活老师需要让你的家长来一趟,他想问问你家长是如何教育你'尊敬师长'的。当然我也有错,我需要和你的家长陪着你一同去认错。"我"煞有介事"地看着他说。

这时候教室门口已经聚了一小群"旁听者",这让"爱面儿"的铭泽很难受,他急得眼泪都要下来了:"老师,我去找生活老师求情,我去向他道歉,我自己犯的错不需要家长和老师来承担。""生活老师也是老师,我记得你曾经和他有过小冲突,可他从来没有向我告过你一次状,他都是说你这个舍长起到了很好的带头作用,你们宿舍越来越好,可是你知道你昨天晚上骂人的话让他很受不了吗?"我不想让铭泽这么着急忙慌地"解决问题",而是更想陪他把"分析问题"的战线拉长一点。

"老师，我去找生活老师道歉，我不该骂人，我不该骂了人还和他顶撞，老师，相信我，我会改的。"铭泽同学竟然哭起来，我感觉这"哭"的成分里包含着"快结束这丢人的场面"的意思。我也没必要再继续刁难他，拍拍他肩膀说："去吧，好好说话。"

问题得到了很好的解决，铭泽在课间到办公室给我送了块巧克力，并且愉快地告诉我："老师，我已经道歉了，生活老师原谅我了，不用叫家长，也不用您亲自道歉了。""那就好，巧克力留着自己吃吧，我不吃。"我看着他。"老师您尝尝，这是浩宇送给我的，我尝着不好吃，说不定您尝着好吃呢。"这一句话成功地暴露了他的"情商"。"己所不欲，就给你师，对吧？"我幽默地说着，并笑着看他。

"不是，不是，万一，万一您尝着好吃呢。"他摆着手，说话也开始重复，急着解释的样子很可爱。"好的，我尝尝。"我笑着拿起巧克力，他才一脸轻松地走出办公室。

铭泽重新给生活老师写了接近六百字的检讨，午饭的时候过来找我签字，我二话不说，拿起笔在他检讨书后面附上一篇二百来字的"道歉信"。铭泽一直站在我旁边看着我写，不住地咬自己的下嘴唇，看我工整地署完我名字的最后一个字，再工整地写上时间，他一直都没说话，认真且安静。

直到毕业，铭泽一直是板板正正，没有再犯过一丁点错。爱凑热闹的他，极力克制自己，全力以赴备战中考，就连我们班"放飞故事"中的"飞行小子"里都没有他。

毕业离校的时候，他和我说了三遍"再见"还是没有离开，一直盯着我，仿佛还有话说。我放下手中忙着的事情，认真地看着他："铭泽，你是想跟我说点什么吗？"他神情严肃，深深地鞠了一躬：

"老师，是您救了我，我感觉因为您，我才越来越像个人样了。"

我忍着眼泪，微微一笑："臭小子，你本来就是个人，我只是负责提醒你，你是个很好很好的人。要记住，系好你的纽扣，接下来的日子靠你自己了。"

一粒小小的纽扣，一场不经意的救赎。所谓救赎，其实是双向的，一个人通过与他人的接触，不断地进行能量交换，而发现自己的存在，纠正自己的偏差，拯救别人的同时其实也在救赎自己。

如果非要说是我救赎了他，那也可以说他救赎了我。

"沸杨杨"成长记

"沸杨杨"的诞生

七年级的新生,一个个都是崭新的样子。不出点意外,我大概不会那么快就走近他。

周一下午的班会课,他竞选体育委员失败了。周二早上就他一人没完成作业,我把他叫到了教室门外。

"你平时不学习的时候都喜欢干什么?"

"看动画片。"

"你喜欢看什么动画片?"

"你别笑话我啊,我喜欢看《喜羊羊与灰太狼》。"

"是吗?你最喜欢哪个角色?"

"我最喜欢沸羊羊,它很自信,我觉得它才应该是主角。"

"能说说原因吗?我想听听你的分析。"我饶有兴趣地问道。

"我觉得它真的应该是主角,它本性善良,知错就改,又有正义感,又勇敢无畏,还很执着,爱运动,力气大,又有责任心,又坚强又有热心肠,再说了,它并不比喜羊羊笨。"

"哇，你对沸羊羊了如指掌啊，你的分析让我刷新了对它的认知。"我冲他微笑。

"嘿嘿，在家都是我带弟弟，《喜羊羊与灰太狼》是弟弟的最爱，重复播放，看得多了我自然也熟悉了。"他不好意思起来。

"真好！沸羊羊真好，你也真好。你看，熟能生巧吧，动画片看多了你都会分析剧中人物形象了，你不是说沸羊羊是个知错就改的角色吗，你要不要也学学？"我说道。

他扬了下嘴角，一脸孩子气地看着我："老师，您是希望我也做个像沸羊羊那样勇敢的角色吗？"

因为他名字里有个"杨"字，我笑着看他："它是一只羊，你是一棵白杨，但是听了你的解析，我发现你们性格有很多相似之处呢！我可以称呼你为'沸杨杨'吗？我相信接下来你会认真完成作业，认真做好每一件事的，你也会成为我们班真正的主角！"

"我明白了，老师。"他抬起头，认真地看着我说道。

"沸杨杨"闪亮登场

有一天，他在我上完课后跑上讲台，兴高采烈地大声向我请假："老师，明天我不能来上学了，我爸和我妈结婚，我得去当花童。哦，对了，我一定会拿糖果给您吃。"

"哦，好的，不对，什么？谁和谁结婚？"我有点怀疑自己的耳朵，同学们也跟着起哄。

"就是我爸和我妈啊。当年我爸家里穷，结婚后他们一直没办过婚礼，现在条件好了，我爸想给我妈补办一场难忘的婚礼，我和弟弟当然不能缺席啊。"他一本正经地说道。

"哦,原来如此!你爸妈相互考验了这么些年才举行婚礼,这是真爱啊。"我笑着打趣道。

"是的,我爸妈真的非常恩爱。"他满脸洋溢着幸福。

"好的,准假了。"

"小胖,小胖,给我带多点喜糖吃啊。"人群里钻出来班里的调皮捣蛋鬼小宇,他最喜欢给别人起外号。

"好的,全班都有份。"这个被叫成"小胖"的人,不仅没有生气,还笑着答应了。你可别说,这份洒脱和大度,还真的挺像"沸羊羊",他呀,就是咱们的"沸杨杨"。

元旦文艺会演就要举办了,我鼓励同学们踊跃报名,"沸杨杨"同学自告奋勇,他要表演一段跆拳道,还大声宣扬自己练了十年了。我和大家一样,惊呆了:"你今年才几岁?"他狡黠一笑:"我三岁开始练的,怎么着?"

果然,在学校的大舞台上,他精彩的表演,赢得了阵阵喝彩,漂亮的回旋踢,让人赞叹:"哟,还真是个灵活的小胖子呢!"

我为他竖起了大拇指:"今天,你就是咱班的主角。"

"沸杨杨"误入歧途

"夏老师,你们班有个叫小杨的同学吗?"

"嗯,有。"

"他把我们班的同学打了,被打孩子的家长非常气愤,您赶紧来办公室我们一起处理一下吧。"接到同事张老师的电话时,我正吃午饭,差点被噎着。

三步并作两步,一路上恍恍惚惚,一直想不明白:我刚刚才将路队送到大门外，返回还不到十分钟，怎么就出了这样的事情！

"被打孩子的家长已经带孩子去医院检查了。夏老师，我们商量商量咋处理吧。"张老师的话"惊醒"了我。

"到底是什么情况？"我努力保持平静，问道。

"我也不了解具体情况，刚刚接着电话，我们班的学生回家说在路上被三四个人打了，不认识其他人，只认识你们班的小杨。"张老师认真地和我说。

"什么原因呢？"我继续追问。

"听家长说，孩子昨天在小区篮球场打球的时候和其中一个人闹了点小摩擦，然后今天放学正好相遇了，对方找了几个人'群殴'了他，小杨就是其中之一。孩子都被那几个人从马路上踢到沟里去了，家长说孩子浑身是土，现在正在医院等检查结果，下午就来学校。八年级打七年级的，这事可不算小啊，您快说说咱咋办吧！"张老师很气愤，情绪很激动。

"我马上联系小杨家长！你赶紧给我们年级主任汇报这个情况。"说完我就拿出了手机。

说明了情况，小杨妈妈也被气哆嗦了，说她正在工厂里，小杨在家，她马上回家接着他一块来学校找我。

等我见到小杨，他一定是已经被妈妈的"暴风骤雨"洗礼过，蔫头耷脑的。他低着头，走到我面前："老师，我只想说，我真没打那个小孩，我没动手，我是过去劝架的。您相信我吗？"

"你认识其他打人的人吗？"我没有半点同情他的意思，依旧义正词严。

"老师，您也认识，那几个人是二班的。我其实是想劝架的，我真的是过去拉架的。"他很认真地说道。

又扯出新线索！我赶紧给二班的李老师打电话说明了情况。过了一会儿，我们的年级主任和李老师一起来了，小杨妈妈不好意思地跟他们打了招呼，小杨同学的脸也红红的，退到办公室门后的位置。

"你真的没打？那人家为什么第一个就说你打他了。"我示意他走过来，问他。

"我真没打，老师，我好像是去拉他了，他被踢倒了，我去拉他。"他不知因为紧张还是撒谎，说话变得磕磕巴巴。

"不要'好像是'，你再好好想想，这件事情过去不到一小时，你一定能想起来的。"我说。

"是啊，你实事求是地和老师说清楚，打了就是打了，没打就是没打，打伤了咱得给人赔钱，没打咱也得赔礼道歉！"心直口快的小杨妈妈说道。

事情的结局最后清楚了，小杨虽然真没动手去打，可他也不是如他所说是去劝架，去拉那个被打的孩子一把，而是和那群"施暴者"站在一起，还说了些难听的话。幸好，被打的孩子检查后无大碍，其父母也没有深究的意思，只是让孩子们当面道歉并做了保证，学校里也对这几个孩子做了通报批评的处理。

"有劲没处使对吗？有本事把你喜欢的篮球打好不行吗？咱文化课成绩不行，练一样特长也行啊！"等一切处理结束，我把他叫到办公室，看着他的眼睛，认认真真地跟他谈话。

"对不起，老师我错了，我听您的。我打篮球能上高中吗？"他眼睛不太敢直视我。

"能。"我十分肯定地说，"很多高中都设有篮球特长生班，只要你打得好,一定能考上。"

"好,我好好练。"

"沸杨杨"重新上路

他开始苦练篮球,将曾经的一个爱好,逐渐变成了专业。

他的父母也特别支持他的这个决定,想尽一切办法给他找最好的教练,支持他外出打比赛,以便积累经验,还应他要求给他报了线上一对一课程,辅导他的文化课。

我发现他个子越来越高,身形也越来越匀称,曾经的绰号"小胖"已经变成了"大帅"。他开始喜欢看书,开始认真听课,跟同学的关系也越来越融洽,做事情越来越沉稳,不再像之前那么"飘"。

日复一日的体能训练,使他体育方面的各项能力都有所提高。在区中小学生运动会上,他代表学校参加了铅球、标枪、短跑项目,均取得了优异成绩,为学校争了光。当他高兴地在赛后第一时间与我分享喜悦时,我喜极而泣。

一次家长会后,他妈妈拦住我,急于表达她的想法:"夏老师,孩子现在越来越好了,每天下午都是先完成作业然后去球馆练球,水平越来越高,跟家人关系也越来越好。谢谢您给他指了条明路。"

"其实主要还是靠他自己的努力和你们家人的支持!老师有责任给每个孩子都指条明路,但不是所有孩子都能去走,走了也不一定都能走好。"我实事求是地说。

"这个孩子就这点好,一旦认准了一件事,一定会去做好的,比如他练跆拳道,就是因为老师夸了几回,就非练好不行,一直坚持了十多年,其实我也挺佩服他的。"他妈妈脸上洋溢着幸福的笑。

"我觉得你们家的氛围真的很好,正因为你们能尊重孩子的选择,能全力以赴支持他,能以孩子为骄傲,孩子才不会让你们失望。"我也说出了自己的真心话。

"他英语不好,我现在和他一块,每天晚上背五个单词,感觉自己的英语水平也进步了。"他妈妈又是一脸自豪的表情。

是啊,父母才是孩子最长久的老师。

而老师,无论如何也变不成每一个学生的父母。

所以,在教育孩子这件事情上,父母起着举足轻重的作用,老师顶多算是打了个配合。

"沸杨杨"再陷泥潭

我一直以为我们的岁月会一直这样静好下去。

也就是过了一个暑假而已,九年级上学期,我再见到他时,他的头发变颜色了。

"染发了吗?"我将他喊出教室,不怒自威地问道。

"不是,老师,我是想烫烫头发的,结果烫煳了,就变色了。"他支支吾吾地说。

"烫头发?难道就被允许吗?"我追问。

"哦,我听理发师说离子烫看不出来。"

"那烫煳了总能看出来吧。"

"老师,我明天改回来行吧?"

"怎么改?都煳了,总不能剃光吧?"

"没事没事,有办法,嘿嘿,给个机会,明天一定变回来。"他可怜巴巴地看着我。

"好，黑头发黄皮肤，中国人的标配，那样的你就很帅！"我拍拍他的肩膀说。

第二天，他的头发真的变短了，也变黑了。

我正为他的懂事和改变感到高兴呢，不承想，不久之后的一天早上，我又收到了领导的"问候"："夏老师，你们班有个叫小杨的吗？"

"啊，有啊，咋了？"我隐约感觉他又"出事"了。

"你去找陈老师问问吧，早饭后，在厕所附近，监控盲区，他和四班的女生在那边也不知在做什么。"领导说得挺云淡风轻的，可我听来句句扎心。

"好，我去了解一下。"我几乎恨不得马上揪住他的耳朵问个清楚，好好的路不走，怎么就这样让我不省心呢！

就在这时，上课铃响了，我稳定了一下情绪，先不找他吧，先去问陈老师。一见到我，四班班主任陈老师就笑了："哎呀，有失远迎啊，学生都偷偷见面了，咱这俩'家长'也得碰个面哈。""别开玩笑了，快说说，啥情况啊，我听领导说得好像挺难以启齿的。""还啥情况啊，就是小孩一块瞎胡闹呗，一群学生在厕所附近嗷嗷地起哄，我过去，就看到了俺班女生和你们班小杨。"

"唉，光天化日之下……我这老脸啊！你们班女孩怎么说？"我竟然有些替小杨脸红了。

"说是男生给她送好吃的而已。"

"什么？在厕所里送好吃的？哎呀，我也算是活久闻！"

"不是在厕所里，厕所附近好吧。咱学校卫生搞得好，味不大。"陈老师幽默依旧。

"行吧，你安抚好你们班女生，我回去处理小杨，先这样吧。"说完，我就风一样溜出同事的办公室。

挨到下课，我赶紧去教室找小杨，示意他跟我出来一下。

"小杨，我真是服了你了。"我一出教室便说。

"老师，我又怎么了？"他一头雾水状。

"唉，我挺……难过的，你说咱这么玉树临风、仪表堂堂的小伙子，传情达意咋还选在厕所那里呢，在那边送吃的东西实在让人有些尴尬，不是吗？"我说。

"老师，唉……我错了，其实也没啥，之前她非要给我一块手表，我拒绝了，觉得不好意思，就给她带了块巧克力。"他不好意思地低下头。

"那咱送巧克力选的地方也不合适啊，为什么不选教室门口？"

"怕被人看到。"

"为什么怕被人看到？"

"唉……老师，对不起。"

"干吗和我说对不起，我觉得你该跟人家女孩说对不起，选厕所附近，还被人起哄。如果你真喜欢她，你怎么可以让她受到如此低级的伤害？"

"我不喜欢她。老师，对不起。"

"为什么又说对不起？"

"你这样一说，我觉得自己做得真不好。"

"还记得你跟我说过的沸羊羊吗？它做事勇敢有担当，我希望你走好自己的路，如果真的喜欢一个人，那就要负起责任，让人家受到尊重；如果不喜欢人家，更不要让她误会，应保护好自己和他人。"

"老师，我明白了。"听他终于不再说"对不起"而是"明白了",我知道他应该是真的想明白了。

"沸杨杨"主角光环

一场场风波过后,我们的"沸杨杨"变得成熟稳重了。他渐渐地找到了自己学习和训练的节奏,告别了那些虚无和懒散。

九年级的寒假,他在外地封闭集训了一个月,但是每天无论多晚,他都会记得拍自己的作业视频给我,让我监督他学习,偶尔还会发一些训练时的搞笑视频和我分享他的快乐。

转眼来到五月份考体育的日子,他冲出考场就给了我一个大大的拥抱:"老师,你猜我多少分?""还用猜吗?满分呗。"我开心地回应道。

"我的短跑和引体向上全都加分了,我感觉自己考试的时候好轻松啊,真希望文化课考试也是这种状态。"他兴奋地在我旁边絮叨。

"只要你保持这个状态,放心好了,咱'沸杨杨'也能当主角。"我幽他一默,逗他开心。

"哈哈,我不能和'喜羊羊'比智商,我就发挥自己的优点就好了,是不是,老师?"他一笑起来,整齐的洁白牙齿特别好看。

"是的,接下来你就要准备特长生招考和文化课了,加油吧。"我踮起脚拍了拍他的肩膀,他站得更直了。

后来,咱们优秀的"沸杨杨"终于如愿以偿,顺利通过了篮球特长生招考,提前被他理想的高中录取。在所有人都忙着填写高中志愿的时候,他已经前往高中的高水平球队参与练习,准备一场又一场的比赛了。

前不久,我看到他发了一条朋友圈:"在全市最好的球馆打球,是一种享受。"

我开心地点评："最好的'沸杨杨',此刻你已是主角。"很快就收到了他的回复："夏老师,真想您了,等我打完这场比赛就回去看您,想吃什么我给您买,我们打赢了比赛有奖金呢。"

瞧,咱们的"沸杨杨"就这样长大了,不知怎的,我竟然想起书上看到的一句话:你和他的缘分就是今生今世不断地在目送他的背影渐行渐远。你站立在小路的这一端,看着他逐渐消失在小路转弯的地方,而且,他用背影默默告诉你:不用追。

在这样寒冷的冬天里,我只觉得周身霎时升腾起一阵暖意,连眼睛里都有了雾气。

给爱绣上理智的花边

"夏老师,告诉您个好消息,我儿子终于分手了,谢谢您啊。"电话那头传来一位女子欢快爽朗的声音。

"儿子分手了?谢谢我?"一时间我除了重复她的话,竟没反应过来该接什么话。

"对啊,我得好好谢谢您,要不是您当时宽慰了我纠结的坏心情,给我指点了好的教育方法,我得天天睡不着觉。"她难掩兴奋之情继续往下说。

不等我回应,她继续说:"我也替儿子谢谢您,儿子说幸好听了您的建议,没有把他俩的合影当礼物送给女孩子,这下分手了也不至于很尴尬。他说得收心好好学习了,高三上学期只要努力,一点都不晚,我太高兴了,儿子真的长大懂事啦!"

她这么一说,我想起两个月前的暑假,我接到这位母亲电话时的情形,不过那时候她言语中尽显忧心忡忡。

那是晚上九点多,我的手机铃声响起。当看到手机来电显示她的备注姓名"小楠妈妈"时,我有点惊讶,没有想到她的孩子初中毕业快三年了她还会和我联系。我顺手接了起来,便听她寒暄道:"夏老师,您好啊,这么晚了没有打扰您休息吧,我是小楠妈妈,您方便吗,我想向您请教一个问题,想来想去只有您能帮我。"这高帽一戴,我实在也不好推辞,只好接招:"小楠妈妈,您说,能帮的忙我一定会尽力去帮的。"

"事情是这样的,吃晚饭的时候,儿子忽然说让我给他发200块钱的红包,我问他做什么用,他说有个同学过生日他要买个礼物。一开始我也没多想,就顺嘴问打算买什么礼物,没想到他也不假思索说送一张画。我一听就乐了,画的价格我不在意,倒是这个礼物送给谁让我很感兴趣。我一问这个问题,他脸红了,支支吾吾说就是个普通同学。我感觉没那么简单,就一直追问,他就烦了,说不给钱就算了,然后把饭碗一搁回自己房间关上了门。"她絮絮叨叨地还原着事情的来龙去脉。

"您想让我做些什么呢?"听罢她的表述,我大概明白了她的苦恼,但实在不知道自己能帮什么忙。

"初中的时候,小楠最佩服您,您说的话他也愿意听,上了高中之后,他还经常拿您和他们的老师比较。我知道在孩子心里,夏老师最值得信任了,麻烦夏老师和他聊聊,帮我问问他是什么情况。"不知为何,每次听到她在提出真正需求前铺垫那么多话,我都感觉有点不舒服。

"您为什么非要打听清楚他要送给谁呢?每个人都有隐私,男孩长大了,即便他送女同学礼物,我们也没必要如此大惊小怪。感情这种东西没有早晚,只有刚刚好,我对学生异性交往向来是这样教育的。我们谁都不可亵渎或者丑化青春时代的感情,尊重这份感情,让这份感情的当事人感受到尊重,他们反而会思考自己是否有能力承担起这份美好的感情。越是被质疑、被窥探，他们这个年纪特有的叛逆越会让这份原本美好的感情化作伤人利器。"我态度诚恳地对她说。

"我知道，暑假后他就高三了，我怕他影响了学习，我想弄清楚，提前预防一下，可是他拒绝和我沟通啊。"这位妈妈依然执着。

"那您就尝试换种方式和他沟通，既然他和你正面杠起来了，那就从侧面入手，先把红包发给他，然后告诉他您的猜测和担心，一定要用一种朋友式的关心语气，而不是家长式的追问和苛责。"我尽我所能地给她建议。

"好吧，我试试。"她语气变得平缓下来。

我平和地对她说："我忽然想起一句话来，喜欢是纵容，爱是克制。哪有父母不爱孩子的，如果我们对孩子的爱能绣上理智的花边，岂不是更美好？"

或许是因为她这么晚打电话，也或许是因为这么多年没有联络了忽然打电话，我对这通电话的记忆十分深刻。

第二天中午时分，我再次接到了这位妈妈的电话，她语气变得更加焦躁不安："夏老师，快帮我，儿子和我说了实话，我更慌了，他和隔壁班的女孩谈恋爱已经有一段时间了，女孩快要过生日了，说要一幅钻石画，就是那种亲手贴钻的画，网上可以定制。可能是我态度太好了，儿子对我敞开了心扉，说打算把他们的合影做成钻石贴画，还让我帮他贴。我强忍着没爆发，生怕好不容易建立起来的信任再度丢失，我先答应了，然后赶忙来向您求助该怎么办。"

"哈哈，果真是喜欢一个人恨不得让全世界都知道的年纪啊，看来你们的沟通很有效，他都能让你帮他贴。不错啊，这才是一家人的感觉，你既然答应了，帮他贴就是了，还能和他聊聊天，知道更多的信息。"我打趣道。

"可别提了，不知道的时候光想知道，这知道了又觉得还不如不知道。心刺挠啊，他假期作业都还没做完，还得贴画，这不是浪费时间吗？"她还是很焦虑。

"我倒是觉得认真去做手工的孩子都值得表扬，他认真地贴一幅画，总比在那里无所事事好。对了，我建议您和儿子商量一下，尽量不要弄合影画，就贴一张女孩单人的美照就行，因为这个年纪的情感基础很脆弱，没有几个父母能像您这样接纳和包容孩子，也没有几对互有好感的孩子能始终如一。再说了，女孩子存放两人的合影也不方便，反倒是她自己的照片，光明正大地摆在哪里都行。"我把能想到的和盘托出。

"您说得对！您这样一宽慰，我好像能理解了，我赶紧和儿子说一下合影换单人照的事情，既然阻止不了，倒不如成全一下，静观其变。"她忽然"开窍"了一般。

"好的，有什么事情咱再及时沟通。"我也像连续剧的角色一般，入戏了。

又过了几天，她拍了一张图片通过微信发给我，是一个很美丽的女孩照片，再仔细看，闪闪发光的仿钻贴满了整幅画面。她说："终于完工了，儿子贴了大半部分，实在是坚持不住了，后面是我给贴的，有一处亮点您看能发现吧？"我回了俩字："花边。"

"夏老师您真是眼睛犀利，我用多余的钻贴了一圈，我还对儿子说，把从夏老师那里学的'给爱绣上理智的花边，一切更美好'的话送给他，也说了咱俩聊天的事情。我如实告诉他向您求助了，他笑着说他已经猜到我一百八十度大转变一定是受了高人指点。"她连续给我发来消息。

"他当初非要个最大的,要一米多的,我说越放大,人模样就越不精致,他才定了这个中等尺寸的,我们一起贴了三天多才贴完。不过值得一提的是,儿子最近可听我话了,写作业也比之前积极了。"她继续发来文字信息。

"因为您尊重他,并且让他看到了您认真对待他的感情,他放下了思想包袱。轻松上阵的人往往事半功倍。"我也笑着给她回复。

"那这样一来,万一促进了他们的感情,影响了学习怎么办?"她那边刚刚晴朗的天空又布上了阴云。

"万一促进了他们的感情,更促进了他们的学习,岂不是更好?"我反问道。

"不可能,谈恋爱都影响学习,百分之九十九。"看她的文字,我隔着屏幕也能想象她笃定的语气。

"关键还是看引导,作为妈妈恰如其分的爱很有可能让他成为那百分之一。"我认真地说道。

"不管肯定不行,想管我又不会管,都是头一回当妈,我太难了。"通过文字,我发现她其实是个有趣的妈妈。

"不妨试试和他一起定个大学目标,一起分析实现目标要做哪些努力。从心里认同接纳他和异性交往,明确告诉他处理得好会对双方的学习都有帮助。你也发现了,剑拔弩张的氛围不可能取得良好的沟通效果,所以您就继续保持平等的姿态、平和的语气,和他好好说一说,少追问'为什么',多分析'怎么办',大多数青春期的孩子不喜欢解释原因,更加乐于证明自己有能力解决问题。"我依然是知无不言,言无不尽。

"为什么？怎么办？这两个问题怎么把握分寸？"她连续发问，让我仿佛看到了她儿子曾经在课堂上不懂就问的样子。

"'为什么'指向问题原因，其答案是对过去的回顾，让人反思来处，可以问，但不能多问，因为过去不一定都是好的；'怎么办'指向的是解决问题，其答案是对未来还没发生的种种可能进行利弊权衡，让人考虑去处。"我把心理学上的一些理解毫无保留地分享给她。

"哦，我有点懂了。"她还顺带发了胜利的表情包。

两个月一晃而过，直到再次收到这位妈妈的电话，我才发现，生活的连续剧还在不断上演，情节也没出乎我们所料。参演生活的每个角色都已经成长，这位妈妈，这个儿子，都已经学会了给他们的爱绣上理智的花边。

故事里的标点符号

当我记录下一个个故事的时候,忽然发现这些文字与标点符号有了奇妙的缘分,不信,您看——

逗号,永远在路上

教育是一场度人自度的修行,也是一场灵魂的唤醒,注定是前路漫漫,充满挑战,所以当老师必须有"逗号"的精神,保持前行,永不停歇。

多年之后,忽然被2004级的学生拉进同学群里,弹出来的几条信息让我思绪纷飞,回到过去的时光。"恭喜夏老师获得临沂市班主任大赛一等奖!""老师,我现在也是一名老师,向您学习!""历史老师好棒!我们好想您呀!""我看到新闻就猜出一定是咱的夏老师!""遥想当年,我就历史课不睡觉、不逃课。"……若不是他们提醒,我差点忘了我还当过一个学期的历史老师。

记得那年,我刚大学毕业,通过教师招考,怀着期待和些许不甘进入了一所农村中学。第一次参加新教师培训会议,结束后就被告知汉语言文学专业的我要代八年级四个班的历史课,一头雾水的我忽然心慌，怕自己什么都不会，耽误了学生。我很想为自己找点借口，可是领导说："看你档案了，大学就入党了，觉悟一定可以，革命同志是块砖，哪里需要哪里搬。文史不分家，你一定能教好。"没办法，我忍住差点落下的泪水，笑着同意了。

当翻开历史课本，拿到教学参考书时，我才发现里面的历史知识是如此陌生，我只能开始"疯狂补课"，压根称不上"备课"，纯粹就是又开启了"学生模式"，自己先把知识点学会、记熟，才敢上讲台。那段时光，就在我没日没夜地研究教材、创新思路、设计当堂达标题中飞驰而过，特别充实。

或许正是因为那股不服输的闯劲，比学生大不了十岁的我，让学生看到了一个不一样的老师，我和我的学生不像师生，更像是同学。我们一起学，一起玩，一起讨论如何才能更快更准地记住知识点，互不相让、面红耳赤地一起争论。那时我也没有去想我学过的那些教育理论有何意义，却用实践行动生动地诠释了教学相长的力量。

所以，如果事与愿违，也别担心，命运一定另有安排。应了那句话："无论你遇见谁，他都是你生命中该出现的人，绝非偶然，他一定会教会你一些什么。"

这一切，都是最好的安排，你只管在路上，脚踏实地，保持热爱，继续前行，你的学生一定也会"择其善者而从"。

感叹号，由衷的赞叹

"当老师难，当班主任更难！"这是我刚当班主任时的无声呐喊。班主任不仅仅得负责自己所教的科目，也必须权衡班级各科成绩，更重要的是要在学习和生活各个方面关注到班里每一个学生。再加上班级管理比课堂管理的内容和方法又丰富、繁杂得多，需要付出更多精力学习和研究，真是让人身心俱疲。

"当班主任可以收获到意想不到的成长，真好！"这是我总结梳理自己班主任工作时发出的感叹。看到自己带过的班集体团结友爱、富有活力，看到每一位同学能在自己擅长的领域闪闪发光，看到家长们无条件认可、支持和善待我，我很幸福。

如果不当班主任，教育激情就可能得不到更好的释放，教育智慧得不到更好的展示，教育能力也就得不到更好的提升。

当好班主任，就要学习感叹号的用法和含义，具备一双善于发现美的眼睛，并能兼具发自内心赞美他人的能力。

前不久，2018级的几个学生陆续来找我报喜。他们今年都要参加高考，之所以能在繁重的学业之余来母校看我，是因为他们进入高中之后要么走的艺术专业，要么走了体育专业，而最近刚刚通过了专业考试，过线之后特别想与我分享喜悦。于是大家在曾经的班级群里一吆喝，凑在一起就来了。

学民舞的刘正同学，让我感慨万分，他大方而自信地说要给夏老师表演一个空翻，还是连续腾空翻。我一边拍摄视频记录一边为他竖起大拇指："你小子动作干净利落，跳起舞来真帅！"刘正也露出灿烂的微笑，说道："在夏老师这里，总是能得到肯定，记得我初中时学习并不好，可是老师总能从我身上找到优点，夸奖我。"

曾经我最放心不下的昊森同学，也已经沉稳了许多，不变的还是那纯朴的笑容，他说："俺也是。"听到他坦然地面对自己"惨淡"的成绩，以及生活的规划——毕业之后在大学附近开一家茶水店，我为他的勇气点赞："店面开起来，群里发个位置，我们都去捧场！"他腼腆一笑,简单而直接地说:"给夏老师永远免单!"

可爱的嘉嘉最后一个到来,她的专业考试也已经通过,正全力备战文化课,她还是那个软糯美萌的小姑娘,一笑露出一对漂亮的小虎牙。她说:"我记得是一次元旦晚会,我被人推上台跳舞,胡乱扭了几下,夏老师竟然夸我跳得不错。高中之后学习文化课有些吃力,我一下子就想到了走舞蹈艺考。老师还记得雨涵和欣语吗?她俩都学了美术,成绩特别高呢,她们都想来看您,但她们所在机构封闭训练,来不了,等高考完,我们一定要聚一聚。"

我们或许不是在最好的时光里遇见,但是因为我们的遇见,时光变得如此美好。

加油啊,每一个都在闪着自己独特光芒的孩子!

问号,善于自省自问

曾子曰:"吾日三省吾身:为人谋而不忠乎?与朋友交而不信乎?传不习乎?"曾子说的这日省三要素,即"忠""信""勤",核心便是忠信于人,勤勉于己。

作为老师,也一定要时常给自己的言行举止加个"问号",是否还有未能"忠信于人"的过失没有改正?是否还有诸多无法"勤勉于己"的懒惰尚未克服?只有守住"忠信于人"的美德,坚持"勤勉于己"的付出,才能实现更高层次的道德修养,抵达更理想的教育境界。

我们班级实行小组合作学习制度,设置了小组争分榜,每周奖励优胜小组。七年级学生还保留着孩子的特点,仍然表现出强烈的胜负欲。有次五组一位女生在楼道里捡到一元钱上交给我,我当着全班同学的面说:"这种拾金不昧的精神值得鼓励和学习,给她所在的小组加2分。"同学们纷纷鼓掌,五组组员更是欢呼,因为加上2分之后,他们组反败为胜,排名第一了。

我以为事情就这么过去了,不料又一周总结评比的时候,接二连三有同学捡到一元钱交到班长那里请求加分,班长意识到蹊跷来找我汇报情况。

我找到那些"捡钱"的人,先用眼神瞟了一眼教室的摄像头,然后故意黑着脸说道:"分数很重要,诚信更重要,说说吧,怎么回事?"孩子们的脸竟然都红了,但没有一个人敢说话。我知道是我严肃的表情和话语让他们心生畏惧,于是赶忙缓和了语气说道:"哪个人先说明实情,我会为他的诚实加分。"

这下子几个孩子纷纷道起歉来:"对不起,我想给我们小组加分,因为我有次没有完成作业扣分了,于是就想用自己的钱当捡到的钱……""老师,对不起,我也是,因为迟到给小组扣分了想弥补。""老师,对不起,我看他们组都拿自己的钱挣积分,我不想让我们组落后……"

一句句真诚而单纯的解释,从这群涉世未深的孩子嘴里说出来。我不再板着脸,笑着说:"一位哲人说过,知识不足,可以用道德弥补,而道德不足,任何知识都无法补偿。你们勇于为小组争光的精神很感人,敢于承认错误的金子般的勇气更加可贵。你们也发现了,大家都用这种自作聪明的愚蠢办法,都加一样的分数,小组排名还是没什么变化,归根到底拼的还是小组成员的实力,那么这种劳民伤财的事还是不要做了吧。"

孩子们都低下了头。

我提高分贝，拍拍孩子们的肩，继续说道："抬起头来，孩子们，你们既然都知道自己为小组扣分的原因了，那么就知耻后勇，改掉缺点，不扣分其实就是加分，对不对？"

孩子们抬起头看着我，坚定而有力地点了点头。

这个贯穿着竞争与风波的小组积分故事，令我受益匪浅。以后再面对学生，我都会提前问问自己："你说的话是否正确？""你做的决定有没有不妥？""你口口声声的'爱'是否附加了其他条件？""你想要的结局是不是孩子们想要的？"……

破折号，关键的转折点

中途接手一个新班级，拿着上一任班主任留下的钥匙，想要开启一群孩子的心门，这好像很难实现，总有那么几个例外，他们"看不惯"你，仿佛你有再大的优点，他们也不喜欢。

这个时候，我们要学会接纳，等待机会，创造一个"破折号"，让师生关系向好的方向转折。

"老师，小茹昨晚在宿舍哭了，还说了很多关于你的不好听的话。"当我听到这个"小报告"的时候，正打算去餐厅吃饭，一下子如鲠在喉。"为什么她就是不喜欢我呢？"我自言自语。不料身旁的孩子冒出了一句："或许她也这么觉得。"就是这一句短短的话，一下子点醒了我，一定是有什么误会，横亘在我们之间。

我只能拼命地想，到底是哪个环节出了问题，让我们俩成了"冤家"，我们俩每次的谈话都"不欢而散"：第一次，学习小组令她不满，她怒气冲冲来找我，因为她没有提出更好的建议，再加上她的态度，我选择了"冷处理"，任由她申诉，仍然维持现状；第二次，她要借我的手机给家长打电话,因为我当时正在工作,她没有任何称呼不礼貌地打断了我,我告诉她:"借给你用可以,但你得好好说话,比如,老师,我能用下您的手机吗?"她从鼻子里发出一声"哼",牙齿缝里挤出一句"我不用了",然后转身走掉;第三次,上体育课的时候,她因为动作不规范被老师罚重做,她感觉没面子,崩溃大哭拒绝吃饭,甚至想要转学,当时刚接班不足两周的我,想的是安抚她愤怒的情绪,缓和她和体育老师的关系,于是选择陪她聊天,却被她误认为"和体育老师一伙嘲笑她",而干脆把我"推"出了她的世界……

这样的小事,没有流血冲突,更没有人员伤亡,却没想到日积月累之后,消极影响日渐突出。可是人非圣贤,孰能无过?在学校里,和学生天天打交道的,除了同学就是老师,彼此难免产生误会,这很正常,并不可怕,关键是误会产生之后,老师应该怎么处理。

我选择了"老师应有的样子"——为人师表,身正为范,渐渐地让她看到我并非一个"主观臆断"的人,也不喜欢"以暴制暴"随意动手,更不会"借题发挥"以势压人,并且我很真诚,有错就改,也会主动道歉,说不出来的话我会用书信的方式传达。

学校举行运动会,我们的故事转折开启。擅长中长跑的她毫不犹豫地报了800米和3000米两个项目,并且还要参加我们班的女子4×100和4×400团体赛,我表达了自己的关心,问她能否吃得消,提议可以让其他人跑4×400。她微微一笑:"是怀疑我的能力吗?"我也笑了:"怎么可能是怀疑,我无比相信你的能力,只是有些心疼。"正是这次"破冰"交谈,拉开了我们"和平交往"的序幕。她参加的每一个项目,我都全力追随,为她加油,为她拍视频,为她发了一条又一条朋友圈，她也没有让我们失望，每一项都全力以赴，一举拿下了女子800米和3000米双项冠军。

之后，我们在一次学校组织的集体观影时，又"阴差阳错"坐到了一起。那是一场历史剧，我因为处理班级事务，错过了前情提示，结果是看得一脸愁云不解，她耐心地为我讲解故事，以及她对历史人物的独特见解，让我对她更加刮目相看。后来，她陪着我一起做"学习强国"的挑战答题，每当我挑战到第四题失败时，她就会像个小孩子一样大笑，特别可爱，我们还一起分享了我带来的零食，边吃边聊。就这样，我们好像走得越来越近。

找到和学生和谐相处的点很重要，这个点就是让他们感觉到你的喜欢，就算他们一时不喜欢，但只要你坚持，总会有转折的那一瞬间。

洋洋洒洒写到现在，忽然觉得每一种标点都能让我想起一个故事，可写的还有很多：那些我们共读的书，一个孩子不同层面的精彩，某人标志性的语言，那些只有我们自己才懂而无法向别人言说的秘密，都是我们青春相册的独有记忆，我和我的学生之间，就像一个省略号，永远言之不尽，回味无穷……

一笔故事　看见师生　第三辑

　　良好的师生关系，为学生提供了和谐人际关系的榜样。关注每一名学生，辅之开放的沟通方式、良性的互动交流，有助于提升师生感知爱和归属的能力，实现教学相长。

当个不扫兴的老师

我的朋友高老师是位优秀的小学语文教师,她时常在网上晒班里学生的优秀习作。每次发布后,孩子们奇妙的构思以及妙趣横生的语言都会收获众多点赞和评论,她的精彩评语和功底深厚的书法也让大家敬佩不已。有一次,看到她发布了新的优秀习作,我立刻点开图片细细品读,想给这位优秀的老师和她的学生留下更具体、真实的赞美。

思忖片刻,我开始留言:"名师出高徒!从学生的一次普通习作就能看出他们对生活的热爱,句子里透着他们学会用文字记录的欢喜;老师轻松幽默的点评到位且满含鼓励,既个性化又不失专业。第二张和第三张图的小作者卷面特别出众,只不过文中有几个错别字,老师若能提醒他们改正就更完美了。"

"谢谢您的评论,这世上鲜有完美,只能日臻完美。小学生有错别字很正常,我认为先表扬他们走得好,他们才敢学着跑。"高老师很快便回复我。

我感觉挺有趣,继续"不依不饶"地跟高老师对话:"倒也不是批评孩子们,只是想要用一种恰当的方式告诉他们错别字也会影响作文的质量。"

"我还是认为偶有错别字并不要紧,重要的是孩子们通过写作能收获美好的感觉,那是他们自信的源泉。"高老师依旧耐心地答复。

不知怎的,我竟如"杠精"一般继续追评:"我们经常教导孩子知错就改,咱不给圈画出来,他们又怎么知道错,更谈不上改了,久而久之他们以错为对,再也不好改了怎么办?"

"这如果是字形题我一定会圈点出来,让他们提高认识、及时纠正。可这是写作,我只想让他们享受过程,写得开心、流畅。我只想当个不扫兴的老师,他们对写作有了兴趣与追求,随着年龄增长也会慢慢地减少错别字。"高老师没有"放弃"我,依然不厌其烦地解释。

"当个不扫兴的老师"这句话让我顿感羞愧。每次批阅作文,只要看到错别字我都会毫不留情地用红笔圈点,并在右侧画一个醒目的订正框。我固执地认为作文就要用准确规范的汉字来写,却忽略了不同学段不同孩子的学习规律,更忽略了写作本身带给他们的享受。

曾经我也是一个因老师的鼓励和肯定而受益的孩子,如今我竟变成了一个总是盯人不足、爱泼冷水的"扫兴老师"!我好羡慕这位"不扫兴"的高老师,她的学生该多么幸福啊,因为比起"准确"和"规范","兴趣"其实才是更重要的事。

由此我想起去年批改学生征文时的一件事。一名初中女生用孩童般天真的视角描写了一棵小树成长的童话故事,文中用了很多拟人的手法,故事充满童趣与想象。但是我却做了件扫兴的事,我将"太阳公公""云朵姐姐""月亮婆婆"之类看着幼稚的词句圈画出来,严肃地告诉她:"你已经是初中生了,要尝试用更成熟准确的文字表达。"她乖乖点头,没有说话。

那时的我并没有意识到这个否定之举会给她带来什么，现在回想，她刚上七年级，言谈举止还是个孩子的模样，她写这样富有童趣的作文没有任何问题。而我却困在了惯性思维里，认为初中生就要告别幼稚，忽略了她那一颗珍贵的童心。可要知道，文字不一定非得成熟准确，有童心才会有童话。如果没有童心，冰心怎能写出那么多适合孩子读的作品？如果没有童心，法布尔又怎会让《昆虫记》成为"昆虫的史诗"？如果没有童心，年过花甲的郑渊洁的微博评论区又如何成为新时代年轻人倾诉的"树洞"？

我越想越懊悔，觉得自己亲手"毁掉"了一个"童话大王"。知错就改，善莫大焉。我赶紧查找征文档案，找到那篇去年被我"打入冷宫"的征文，仔细重读起来。树还是那棵树，我却在字里行间看到了一个可爱又努力的小姑娘。

我把女孩叫到身边，微笑着看她，轻轻地说："老师重新读了你去年的征文，一棵普通的小树都被你写得活灵活现，它会招手，会鞠躬，勇敢又坚强，你的心里一定也种了这样一棵小树苗吧！经过一年的成长，小树是不是也枝繁叶茂了呢？最近又有征文比赛，希望你还能积极参加，可以吗？"

"老师，我怕自己写不好。"她不可置信地睁大眼睛，小心翼翼地说。看得出她还清晰地记得自己去年写的童话，以及我当时毫不留情的扫兴评价。

心理学上有一个概念叫作"失望性情感隔离"，这是一种正常的心理防御机制。当孩子失望情绪积累得多了，就会变得不够自信，不敢热爱和追求自己喜欢的东西。想到这里，我愈发觉得自己曾经无心的扫兴是多么不可取。

我定了定神，想起高老师说的"当个不扫兴的老师"，微笑着鼓励她："不怕，成长了一年的小树根扎深了，心中的阳光足了，朋友也多了，经历风雨就不怕了！""老师，我懂了，我会好好写的！"女孩点点头，眼睛里闪着可爱的光，然后蹦蹦跳跳地跑出办公室。

"扫兴"这个词很直白，一个人在充满期待地分享时却遭当头一棒，他的心里该有多么委屈和不甘。"不扫兴"的本质是悦纳和欣赏，说到底是一个人善良品质的表现。做一个不扫兴的老师，是一种可贵的修养；遇上一个不扫兴的老师，是学生最大的幸运。

当后进生好不容易考试及格了，不要用平淡的语气说"继续努力，下次争取考优秀"，而要微笑着说："你的努力终于得到回报了，老师为你感到高兴！"当学生努力完成了一篇自认为不错的"大作"时，不要说"卷面再好一点会更好"，而要微笑着说："认真的人最好看，文如其人，再接再厉！"当学生为班级做出了贡献，不要理所应当地说"你是班干部，这是你该做的"，而要微笑着说："老师要好好谢谢你，班级因为你而变得更美了！"

赠人玫瑰，手有余香。努力做一个不扫兴的老师吧，承认自己的偏见和认知局限，尊重和包容每一个学生的天性，学会倾听、学会欣赏，点燃一盏一盏的灯，用包容与鼓励照亮每一个学生的未来！

好粥慢熬，好学生慢慢教

"活在世上，你好像随时都在期待着，期待着有什么可以看一看的事。有时你疲疲困困，你的心休息，你的生命匍伏着像一条假寐的狗，而一到有什么事情来了，你醒豁过来，白日里闪来了清晨。"汪曾祺先生在《邂逅》中如是说。

那天早晨，刚下早读，紧接着就是第一节课，而我的孩子们还没有吃上早饭。我火急火燎地熬上一锅小米粥，心里想着时间紧张，开大火盖严实锅盖，大概十五分钟就能喝到香喷喷又富有营养的小米粥了。

大火确实很快便催开了锅里的水，从一开始的噗噗声转为咕嘟嘟，锅里霎时沸腾了，等我放下手里的工作，三步并作两步跑进厨房的时候，锅盖已经被一股势不可当的神秘力量掀起一条大缝，米正随着汤恣意地外溢。我慌忙打开锅盖，还是晚了一步，我很遗憾地看到，锅盖和锅沿上布满了未熟透的小米粒，锅里的水却已见底，我的"大火"也被无情地浇灭，整个灶台上更是一片狼藉。

我一边收拾一边慨叹，凡事急不得，好粥还需慢慢熬。

看着一摊残局，还有一锅熬得不成样子的粥，不知怎的，班里一个小男孩的身影突然跳进了我的脑海，是的，这几天的网课被老师和同学投诉最多的人就是他。

他是班里年纪最小的,所以他身上的故事理应不复杂。可他时时处处表现出来的自认为正常的行为,却给自己和身边人带来许多不必要的麻烦。用他自己的话来讲,只要有他的地方,就得有些不一样。

还记得他第一次登上讲台做自我介绍的时候,就用了极其夸张又故作淡然的表情描述自己从幼儿园到六年级的"光辉战绩":他曾经和九位老师发生过矛盾冲突,气哭过四位老师……讲到这里,他看了我一眼,我示意他继续,他两手一摊说讲完了。于是我轻轻接了他一句:"希望我不是第十个和你发生矛盾的,也不是第五个被你气哭的老师。"他笑了笑,像个恶作剧得逞了的孩子,说道:"看你面相,不会的。"尚不熟悉的同学见他这么嚣张,再咂摸一下他对我说话的语气,一个个紧皱眉头面面相觑。这场面好像在他预期之中,他得意地又添加了一句自己的座右铭:"人不犯我,我不犯人;人若犯我,我必诛之。"我紧盯着他,问"诛"是什么意思,他轻描淡写地回答道:"就是'杀'的意思啊。"这时,班里他小学的同班同学忽然大喊起来:"老师,他说的是真的,他读的书可多了!他懂的也很多!"

说真话是好事,读书多也不是坏事,懂得多似乎也没什么不妥,可是他究竟说了哪些真话?读了些什么样的书?懂了些什么样的道理呢?

中秋节的时候,他拍了几张月亮的照片发给我,附上文字:"老师,中秋节快乐!"我给他回复:"美好的人眼里总会看到美好的景。"

他在第一篇周记里写道:"希望一切是新的篇章。"我给他回复:"只要你不念过往,珍惜当下,会有新的篇章。"

后来在班委竞选的时候,他勇敢地走上讲台,竞选生活委员一职,他说他会竭尽所能为班级服务,高票数通过。

他在我的课上也很积极,偶有分神,但是稍一提醒,就立刻回到学习状态了。

如果一直这般相安无事,或许他就不会成为我这篇故事的主角了。

"老师,他上别的老师的课总是捣乱,老师让他站一会儿,他却在教室里走来走去,扰乱其他同学。"开学不久后班长向我汇报。

"你们班那个男孩怎么回事?上课总是回头说话、乱接话、不听讲,我让他坐好补完作业,他竟然蹲在凳子上,不做作业,公然挑衅,气死我了。"一位年轻老师向我"倒苦水"。

"他说他都学会了,在课上表现得异常自信,第一单元自测将他打回了原形,我以为他会收敛一些,结果课上还是那么爱咋呼,听课不认真。"一位资深老师告诉我他的表现。

"老师,他给我起外号,哪句难听说哪一句,呜呜。"一个女孩子哭着向我"举报"他。

"老师,他骂我的家人,他知道我爷爷去世了,还说我爷爷半夜会爬出来找我之类的,他太过分了!"一个男孩愤愤不平地告状。

"我要找三班班主任,他班同学踢了我好几脚。"隔壁班的男孩在办公室里大喊。当我尴尬地起身说"我就是"时,隔壁班男孩像抓住了救命稻草一般罗列出他的许多"罪状",渴盼我狠狠惩罚他。

他曾在作文中写了一件留在他心底的"暴怒"往事:因为老师的管理让他感觉不公平,他和老师顶撞起来,结果老师的态度让他心生愤恨,他竟然扬言要杀掉老师。他其实并没有很好的文采,只是不断重复句子,强调自己的心理感受:想找一把刀,尽快解决令他愤怒的人;想要安静却怎么也静不下来,于是只能疯狂地没命似的奔跑。他在文章末尾写道：最后，几个体育老师捉住了我，当时我的眼里全是血，一滴一滴往下落，父亲也赶了过来，带我回家，好久我才恢复神志。

我和他的父母联系，他的父亲说："这孩子打小被我们管厉害了，结果越来越不听话了。现在我们也没办法了。"我与他的小学老师联系，咨询他的情况，老师的评价很中肯："他是个缺爱的孩子，所以极力表现自己，想获取他人的关注，可是他自控能力又不强，把握不好自己，有些过了，反而令人生厌了。"

我多次把他喊出来，问他最近怎么样，他总是很高兴也很坦然地说："很好啊。"当我和他提起别人因为他来找过我时，他的第一句永远都是："最讨厌告状的人，都是他们先找我的事。"然后就开始絮絮叨叨，谁先骂他，谁先打他，谁先针对他……我接着问："你说他们找你事，算不算你告他们状？"他不依不饶："他们先这样，别怪我不仁义。""人啊，其实要想活得有意义，就是尽量别让自己变成自己讨厌的那种人。如果只有一个人找你事，我觉得也正常。如果许多人都找你的事，我倒希望你反思一下自己了。"我认真地和他分析问题，他也会低下头，小声说："是，确实是我不对，但他们也不该找你告状，有什么话不能直接找我说吗？"在他的理论体系里，他做得再不对也算正常，而身边的世界一丁点令他看不惯便是"处处针对他"。其实，如果我们跳出争论对错的逻辑去看他，他的认知也没有什么毛病。

所以我不和他生气，继续好好和他聊。"找你说，你会听？""好好说，我就听。""那你会好好和别人说话吗？"当我问这个问题时，他脸上闪现出不安的表情，慌忙岔开话题："您那么忙，他们总是因一点破事就来麻烦您，我觉得他们不对。"他抬眼笑着看我，似乎想让我表扬一下他的"高情商"。既然一个孩子不想直面自己的问题，证明他也意识到了问题，于是我便不再深入，顺着他的话说："只要关于你的事，找我就对了，因为你是咱班集体的一员，我是你的亲老师，你是我的亲学生。"听完这句话，他不好意思地笑了。我又问他喜欢读什么样的书，他说他不挑类型，玄幻的、推理的、历史的他都读，我告诉他，读书还是要有所选择的，"好读书更要读好书"才能对一个人真正有益，他点头。

他说他很感激我，因为我从来不对他发火，而他"最讨厌随便发火的人"，他向我郑重承诺，他会尽力改变自己。后来，他真的在改变，上课比以前守规矩了许多，也渐渐学会了不顶撞老师；他本来就很聪明，记忆力超强的他背诵东西特别快，逐渐受到老师的表扬；他也成了宿舍的舍长，他以身作则，他所在宿舍的纪律也得到了很好的改善。

不承想，一切都向好发展的时候，我们所在的城市却因为疫情再次被迫转为线上学习。失去"班集体"约束的他，重回到他口中"处处容不下他"的家里，他再次迷失了自我。他在老师的直播课堂上肆意地发表着评论，与学习有关的他说，与学习无关的话题他也扯，仿佛他才是"主播"，大家都应该关注他才是。他还会刻意截取别人上课时因网络卡顿出糗的头像，做成表情包，发给同学带头取乐。

要说他天生自带"反骨"，我觉得也不至于，据我观察，他只是每换一个新的环境，就拿出他自己的那套"自我防御机制"来保护自己罢了，说到底，他其实只是需要有人能真正理解他、关心他。其实他的要求并不高，只要有人回应他，哪怕只有一个人回应，哪怕这个人回应的不是他想要的，他也感觉到自己是存在的。

教育的本质不该是压制，而应该是唤醒。没想到今早这一锅熬坏了的粥，点醒了我，又到了我和他好好聊聊的时候了。"嘿，你还好吗？最近关于你的投诉有点多啊。'人生若只如初见'，还记得中秋节你拍的月亮吗？我觉得美好的人才能看到美好的景。你以后上课不要乱带节奏打乱老师的教学好不好？还有别总是做些用别人头像做表情包这样无聊的事了，好不好？"我没有跟他的家长联系，而是选择直接给他留言。

"好的，老师。"他回复很快。

"我打算写一篇文章，你是主人公。可能我会比较真实地记叙一些故事，希望你不要介意，因为我相信你会越来越好。"我继续说。

这次屏幕上闪现的是他设置的"自动回复"："从前那个月光下的魔术师归来了。"

"希望，你就是那个会魔法的人，聪明而又正直，勇敢而又有担当。"我说。

"谢谢，老师。"他没有像在直播课堂上那样，打那么一长串无关痛痒的话语，简单的几个字却让人感受到了他的真诚。

我知道他的路还很长，我愿意陪着他慢慢走。欲速则不达，没有谁能够一上来就变成人人仰望的优秀孩子或者成功人士。他就是这样一个普通而又有点不一样的孩子，像我们最初放在锅里的小米一样，我们渴盼它成为香喷喷又富有营养的粥，可是如果家长和老师的"火"太大了，每当他出一点错便是一顿疾风骤雨，他或许会"顶破锅盖，浇灭大火"，后果就是一锅熬坏了的粥和一摊残局。

有首诗这样说："人生好比粥一锅，煎熬滚煮耐琢磨。宜疾宜徐看火候，酸甜苦辣自张罗。"好粥要慢慢熬，好学生要慢慢教。

特别庇护

就算教不出成绩,也一定要教会孩子成长。

这就是我做班主任的座右铭。

小志是我们班上一个瘦弱且小个子的男孩,经常完不成作业,问他理由,他随口一句:"不会写所以不想写,如果写也是抄,抄袭就是作弊,我这个人不喜欢作弊。"无论我如何苦口婆心地教导,他始终一如既往,成绩自然垫底。他还特别爱较真,记得七年级上学期学习一篇文言文,他问我:"老师,通假字是不是错别字?"我说:"假借的字,古时候没有那个字,就假借了这个字代替。"他依然不依不饶:"那就是错别字,用错的字代替对的字,就是错别字。"我当时并没有极力纠正他的想法,只是告诉他,通假字在文言文中常见,你可不要想当然地写成现在的字。下课后他跟在我身后,执着地跟我絮叨:"为什么现代人不能给改过来呢?错了就是错了啊,为什么要叫'通假字'呢?"听着他的陈述,我竟然不知如何作答,只得对他笑笑。

转眼到了八年级上学期的运动会,热心的家长送来了饮料,因为运动员不能喝,所以看台上的同学们有了口福,人手一瓶。恰巧当时小志同学去了卫生间,回来后看到大家都有饮料,就问我:"老师,我为什么没有饮料？"

我答："你有啊，每人一瓶，你去问问你旁边的人。"我没把这件事放在心上，结果他又来找我："老师，我找不到我的可乐，别人都说不知道。"说完，他着急得哭了起来。

天哪，十四岁的男生，因为一瓶可乐找不到，竟然哭了。又想到他平时总爱问些稀奇古怪的问题，成绩却是一般般，我一时没了主意。

讲实话，我当时思想斗争了好一阵子。幸好，良好的班主任修养告诉我："不要有偏见，就事论事。"

我先安慰他："别哭，我帮你调查，快擦干眼泪，咱一起寻找，我就不信一瓶可乐还能插上翅膀飞了不成。"

结果，我带他找了半天，没有人知道也没人承认。小志有些绷不住了，一个劲地和我诉说着"班里有人针对他""一定是有人故意拿走了他的可乐"之类的话，我只好耐着性子宽慰他，并拿了一包家长送来的小零食算作补偿。这时候班里一个同学在 4×100 米接力赛的时候摔倒了，我听闻后赶紧跑到了现场，看到医务人员正在给胳膊肘受伤的男生消炎包扎，我是又心疼又焦急。可是突然又听到我身后传来一声埋怨："老师，您还没帮我找到我的可乐呢。"

我真的想发火！

可是一回头，看到的是一双无辜的眼睛，还有一副无比信任的表情，好吧，我把想发的火努力咽回肚子里。

我连忙平缓自己的情绪，告诫自己，"不迁怒，不贰过"。这是做人的一种修为，不要将任何情绪宣泄到学生身上，不要让过错再次累加。还有一个词，叫"善始善终"，既然我一开始答应了帮他找可乐，就不该食言。

我极力控制，强装冷静地对他说："小志，老师等会儿一定帮你找可乐，咱班同学受伤了，老师很担心，我们先照顾一下他，等会儿你帮我一起把同学扶回去吧。"他说："我不想扶他。"说完，他转身就走了。

我这次真的被激怒了！

这是个什么孩子！一点同情心和班级荣誉感都没有，我竟然还到处给他查丢失的可乐！我再也控制不住了，对着他的背影大喊："小志，你给我回来！"可是他头也不回，空留下我那句怒吼，在风中凌乱。

百因必有果。后来我调查出是两个"小坏蛋"恶作剧藏起了他的饮料，我把他们揪出来，质问他们为什么要这么做。一个男孩说："跟他闹着玩呢，看他哭，怪好玩。"我接着说："好玩对吗？那你们想不想让同学们看你们哭？"他们纷纷摇头。我接着说："要先尊重别人才能赢得别人的尊重。"最后，他们在我的极力引导下，当着全体同学的面向小志道了歉。

可是我心里一直有道坎，不明白那天小志为什么头也不回，连我的话都不听。他一直没有给我解释，我也一直没找到合适的契机问询，渐渐地就忘了此事。

八年级下学期的一天下午，我们全班去报告厅听取了"防校园欺凌"的报告，听完之后我组织同学们有序离开。这时候，小志忽然走到我面前，非常认真地说："老师，我有话想和您说。"我点点头，示意他等同学都走完之后再说。

偌大的礼堂里，只剩下了我俩。小志开口了："老师，咱们班有人欺凌我。上次藏我饮料的那两个人，平时可喜欢捉弄我了。上次你让他们当众道歉，他们觉得出丑了，更变本加厉，现在一下课他们就过来对我语言欺凌，管我叫'娘炮'什么的，刚才报告也说了，语言欺凌也是校园欺凌的一种。"我皱紧眉头，心里一惊，拍拍他的肩膀："小志，谢谢你信任我，你敢于说出来，我才能帮你。他们的确是语言欺凌，放心吧，老师一定会处理好这个问题。"他点点头。

我紧接着又追问了一句："能告诉老师，上次运动会你为什么不帮老师扶受伤的同学吗？"他神情淡定地说："不想扶，感觉他罪有应得，我和他是小学同学，他仗着个子高经常欺负我，我和老师说了，老师根本不管。"

"原来如此。那他现在还欺负你吗？我一起处理。"

"他现在不欺负我了，可是我已经不能原谅他了。"

我心一痛，一个受过伤的孩子，如同一只受伤的小兽，谁也不知道他曾在暗夜里躲在被窝里哭泣过多少次，抑或因为他不断地告状，让那些欺凌他的人更加恣意妄为，自己却得不到半点保护。而这一切在大人眼里都是小孩闹着玩，在老师嘴里都是"一个巴掌拍不响"，在同学眼里都是"真矫情"，只有他孤独地承受着这一切。

而今，这个孩子再次鼓足勇气向我求助。我必须管，也必须一管到底！

我分头去找了那两个同学，让他们交代清楚，他们竟嘻嘻哈哈地跟我说是闹着玩的。我很严肃地拿出事先打印好的《未成年人保护法》和《关于预防校园欺凌的工作细则》，指着相关条款，让他们仔细阅读。

然后我义正词严地说："法律面前，人人平等，任何人触犯了法律都将受到法律的严惩，你是未成年人，小志也是未成年人。听好了，现在交代清楚，改了还有机会，如果继续欺凌，等着警察来找你们吧。小志想告你们欺凌，一告一个准，全国上下都在扫黑除恶，你们还想在学校里弄幺蛾子，装黑成恶。道德约束不了你们，还有法律呢！"

两个孩子面面相觑，吓得不轻。

看着皱着眉头不再说话的我，他们哭了起来。

"给你们一次重新开始的机会，能不能把握看你们自己。"最后我又甩给他们这样一句话。

他们低下了头，纷纷说"知道错了，一定改"。我知道，这次谈话有效果了。

后来我们班又专门召开了一堂"防欺凌，护安全"为主题的班会，一起学习了《未成年人保护法》的相关条例。我特意告诉大家"语言欺凌也是欺凌，大家要谨防祸从口出"，然后让这个故事的几个主角上台来分别说说感悟。班里其他几个偶有语言出格的同学，也都表情严肃地认真倾听。

小志同学在我的特别"庇护"下，渐渐笑容多了起来，学习成绩也有所进步，一见到我，就像条小尾巴似的跟在我后面，老师长老师短的。

元旦那天，我刚进教室，坐在最前排的他突然伸出手说："夏老师，我送你一根棒棒糖。"当我微笑着接过来时，才发现从他袖子里扯出来一大串棒棒糖，看着他知足地笑我中了他们的"圈套"，我感觉很幸福，很快乐。

在学校里，老师必须做孩子的守护神，保护他们不受伤，身心都健康。当然，老师也要有慈悲心怀，给犯错的孩子指点迷津，引领他们悬崖勒马、迷途知返，相信他们最终都能走上正道。

苓

　　她是班上年龄最小的学生，我们这里入学年龄卡到9月1日，她是8月31日出生。她曾经在自我介绍时幽默地说："我好开心也好幸运能与大家成为同学，如果再晚出生几个小时，我就成为大家的小学妹了。"从此，她获得了"小学妹"的昵称。

　　"小学妹"年纪小，学习成绩却名列前茅，还是班上公认的既善良又优秀的女孩，凡事都能替别人考虑。

　　按理说，这就是大家口中的"别人家的孩子"，教这样的学生最省心。可是最近这两天，我发现她上课有些心不在焉，一下课就在我们办公室附近徘徊，仿佛有事。可我每次遇到她，她便慌慌忙忙地解释说她要找物理老师问一些问题，因为物理老师也是班主任，经常会在他自己班上，所以她总是碰不上，但我发现她手里并没有拿物理课本或者习题。

　　我本想找个合适的机会跟她聊聊，又考虑到她这种优秀的学生善于内省，"不求不助"也是对她的尊重和信任。

　　今晚，她竟然先"绷不住"了。等我在隔壁班值班结束，悠闲自在地走到办公室时，她正手足无措地站在门口。

"嘿，小可爱，又来找物理老师吗？"我笑着问。

她没说话，摇摇头，眼泪竟然紧跟着下来了。

"快过来，我看看怎么了，你这次是来找我的对不对？"说着我就去拉她的手。

"老师，您太忙了，我不好意思打扰您。"她的小手冰凉，脸上还挂着泪。

"啊，抱歉啊，看我这双迟钝昏花的老眼，竟然没看出来你本来就是找我的。"我把她拉进了温暖的办公室。

"我感觉自己压力太大了。我想的事情根本做不到，我很矛盾。"这时上课铃响了，她见办公室没有其他老师，说着说着就呜呜地哭起来，从昔日的"小可爱"转眼变成了"小可怜"。

原来我们眼中的好学生心里也会下雨，雨水积聚得太满就会从眼睛里溢出来。

我递给她纸巾，拉过椅子来安顿她坐好，温柔地看着她。"我愿意听你说说，你想的什么事情做不到呢？"我看她不再继续倾诉，就顺势往下问。

"老师，您读我的周记了吗？"

"哦，我想起来了，你在周记里说接下来一个月你要自学完九年级的全部课程，我还给你留言要注意节奏呢，就是这事？"我指着刚批阅完的一摞周记说。

"嗯，这两天我一直等您发周记本，想看看您会对我说什么。我太难过了！想得很轻松，做起来却难得令人窒息！物理还好，我自己看课本能看懂，也能做题，数学就完蛋了，根本进行不下去，化学……化学更让我犯难，其他都还好。"聊起学习，她擦干眼泪，思路很清晰地跟我描述。

"其他都还好，不就挺好的吗？还记得我们讲过的'半杯水'吗？悲观者说'只剩半杯水'，而乐观者会说'还剩半杯水'。你能自觉学习，态度已经很好了，没必要急于求成，把学过的学会，比学完了没学会，更有价值。"我微笑着看她。

"但是，我难受，或许不是因为学习，因为我性格……我是个很矛盾的人。"她又有了哭腔。

"哦，怎么矛盾了？能说给我听吗？"我又递给她一张新的纸巾。

她说周五放学回家时，同学一起买了快餐，其中有一个袋子破损，她思考再三委曲求全接受了，虽然也没什么，但还是觉得委屈。

这是多么小孩子气的事情啊，可是此刻我不能说她小孩子气，我还要夸奖她："你情商很高呢，心里装着别人，与你相处的人会感觉很舒服。你知道吗，高情商不是圆滑世故，而是心存善念，融四岁能让梨，你也具备这种气度呢！"

"可是，我别扭了好久，为什么我的朋友连'谢谢'都没有说呢？"她略带委屈地皱起了眉头。

"你别扭是正常的，因为你没有从朋友那里得到相应的回馈。可是袋子破损，装在里面的食物并没少，你可能当时没有表示出不开心，所以你朋友也没有 get 到你的情绪。可你还是选择了让，这就是你的善良所在啊，要知道你释放出去的善意，一定会得到命运的馈赠，或许会迟到，但不会缺席的。"我想方设法安慰她。

"哦，好吧。其实这事也没什么，我也不计较了。还有一件事堵得我难受。自学全部教材实际上是我爸爸的主意，他鼓励我去挑战自己，我一开始拒绝，他们说我不勇敢，等我同意了，他和妈妈反过头又说我根本做不到。我现在真发现自己状态不行了，我确实做不到！"她开始下意识地抓自己的头发，眼睛里噙满的泪水吧嗒吧嗒掉落下来。我这才明白，前面她做了那么多铺垫，此刻"不被肯定"的痛苦才是她最想要表达的。

我故作轻松地拉住她正挠头的胳膊，轻拍她的肩膀："三军可夺帅也，匹夫不可夺志也。父母的意见很重要，可自己的努力更重要。用你的努力态度，改变父母固有的认知模式，再试一下。"

"我想改变却做不到，我想学好却学不好，所以我才难过。老师，怎么办？您帮帮我吧。"这回是她主动抓我的手，嘿，小手变暖了。

我递给她一块糖，认真地看着她："吃块糖，眼泪太苦了。"

拿到糖的她突然破涕为笑："谢谢老师。"

看她轻巧地剥开糖放到嘴里，我继续宽慰道："谢谢勇敢的你，记得来找我。人生不是单项选择题，当你无法选择时，就坦诚面对自己，最优的解答是心中留一片柳暗花明，来面对眼前的山重水复。上了高中你就会学到哲学，矛盾是普遍存在的，每个人都是一个矛盾体。所以，遇到矛盾不可怕，接纳自己，制定可实现的目标，将阻碍自己发展的情绪最小化，跳出原来的焦虑圈，继续保持你的善良和真诚，可以继续尝试用自己的节奏自学，也可以跟着老师的节奏按部就班慢慢来。不管怎样，我都相信你是没问题的。"

"其实吧，老师，我就是不想听我爸妈说我不行、不好、太差劲，我听您一说我'没问题'就感觉充满了劲头。"她终于笑了。

爱学习的孩子也需要安慰，很优秀的孩子也会有软弱。闲聊间她问了我一道曾经做过的语文阅读题，她讲解了她的答题思路，我毫不吝惜地夸奖了她，鼓励她下节课代替我去教室给大家再讲讲这道题，她这下是真真正正笑出了声。

我发现她听老师说话的时候，眼神就变得特别认真、澄澈，两眼闪着坚定而又智慧的光。我知道平时安静而优秀的她和今晚哭泣忧伤的她，所有的表现，只是为了让人能看到她，听到她。

爱因斯坦说：世上生活方式有两种，一种认为凡事没有奇迹，另外一种则相信一切皆奇迹。这一节晚自习，我陪她说话，就像是一场奇迹。作为一个大人，没有什么比让一个孩子获得满足更令人愉悦的了；作为一名老师，将温柔和爱意驻在心里，将理解和善良付诸行动，看着学生们一点点好起来，有种莫大的成就感。

初中毕业前，她的一篇《致那个回不去的我》发表在一本中学生刊物上，她在文末引用了几年前她曾写过的一首诗："几年后的我，你在干什么？在上初三呢。还喜欢闲暇时朗诵文章吗？然！你幸福吗？每天都开心吗？嗯，算是还差一点吧。你现在一定和原来的我不一样了吧，那你有没有一点讨厌如今的我，带给你如此的现在呢？十二岁的她得不到答案，最后自顾自写下——从现在起做一个不会让未来的自己讨厌的人。"

每个孩子都有自己专属的名字，正如她，名字里有个"苳"字，苳是"冬"字加了草字头，寓意为小草坚强勇敢地逾越了寒冷的冬，相信她定会人如其名。

加油，女孩小苳。

我要快乐，不必正常

忙里偷闲，看到书橱里小樊同学送我的《我要快乐，不必正常》，再次翻看，又一次被深深地感动。

作者在这本自传里坦诚地剖析了自己受伤的童年、不被接受的少年和青年生活，在安全感极度匮乏中通过读书和写作找寻自我认同，跟那个曾经令她恐惧和厌恶的养母最终达成了和解。

我感动于作者身处压抑扭曲的家庭通过读书开始觉醒，再到充满热情地用伤痕累累的文字记录所有的宽容和美好。是啊，我们每个人都是那么独一无二，无论自己与他人怎样不同，每一个我们，都有资格快快乐乐地成长。

今年九月，我又接了一届新生，再次全身心投入，因为我知道，我陪伴他们的三年只是他们生命长卷里的短暂一帧，却是我教育生涯里独一无二的一届，我希望我没有浪费一分一秒，能给他们的青春期甚或一生带来积极正向的影响。每一个同学对我来讲都是那么可爱，那么富有潜力。

最近我收到了很多家长让我关注孩子的信息，令我心绪不宁。"我家孩子很内向，希望老师多关注一下。""我家孩子很敏感，真担心孩子会不适应。""我家孩子很胆小,麻烦老师多给机会锻炼锻炼。""我家孩子自控力不强,麻烦老师多提醒一下。"表面看来,这一届家长好像比往届的家长更懂自己的孩子,也更加注重家校沟通,但是家长们有没有想过,"内向""敏感""胆小""自控力不强"这一类标签恰恰是一种否定,贴在孩子身上就是一种变相的伤害。

"你要好好学习,不然会错过……"有些家长总是这样"恐吓"孩子,仿佛在他们眼里,孩子们的学习稍微跟不上自己要求的节奏,就会错过许多重要的事情,未来没有出路。

这些问题背后的成因究竟是什么?单靠老师关注和学校教育,恐怕远远不够吧。

"作为一个学生,不看成绩还能看什么?"有些家长还端着老思想来反问我,当我静静地回答"健康成长更重要"时,我听到了他们不满意的笑声,似乎在笑我"不太正常"。

究竟何为正常呢?有些孩子天生就拥有非凡的定力,安安静静地享受自己的世界,为何偏要让他们学会"凑热闹"?有些孩子就是有着独特的感知力,比别人更具备自我约束的能力,为何偏要让他们从"敏感"转为"迟钝"?有些孩子并非生来就胆小,而是因为成长过程中缺失安全感。有些孩子自控力不强,是因为他们从未得到过回应……可是,他们就不正常吗?他们都是正常的,我能看到他们的正常,我也不会虚张声势地评价他们,我更愿意陪他们一起成长,我想我很快乐,所以我也"不必正常"。

能喊我"姐姐"的一批学生早已经步入社会,跻身成年人的世界。面对近年来的几届孩子,我会觉得我更像是他们的母亲,而我也很乐意在他们的学习和生活中担负起母亲般的角色,因为母爱没有区分，手心手背都是肉，我希望遇到我的每一个学生知道有人爱他，不是因为他是谁的孩子，而是因为他自己身上蕴藏着无穷的潜力，原本就很好的他值得被欣赏被爱，他们有能力让他身边的世界变得更好。

忽然记起四年前的这个季节，我也是新接了一届学生。

刚开学不久，班里同学都还没有完全熟悉，学校要举办黑板报大赛。时间紧任务重，有几个自告奋勇的女孩主动承担起设计工作，她们争分夺秒利用一切课余时间，在黑板上用心描画书写。在一个周五的课间操结束之后，我刚踏进教室，就被后排一个扎马尾辫的女孩歇斯底里的咆哮声给淹没了："谁偷了我的卫生纸？我的整整一大卷卫生纸被谁用光了？要不要脸啊？你爸妈没教你吗？不经允许不能随便动人家东西，真是没教养！"原来设计组画错了一些地方便用水擦除，为赶进度便用卫生纸吸水，她们自己的用完了情急之下便拿了马尾辫女孩的。尽管她们频频道歉，但她依然不依不饶。连我的调解都被当成对设计组的偏袒。

这样剑拔弩张的时刻，虽然令人血往上涌，却更令我心痛不已。我不停地在心里告诫自己："不能以任何借口任何形式去伤害任何一个孩子。"作为老师，能做的就是身正为范，用爱来包容孩子，用理解去感化孩子，或许他们当时没有意识到，但是有一天当他们回忆起来时能感知到，他们受到了保护，他们很安全，很幸福。

我无比真诚地看着女孩的眼睛说："好啦，快准备上课吧，我保证下周一赔给你一卷一模一样的。"这时任课老师进了教室，同学们逐渐安静下来，我便退出了。

接下来，便开始了和马尾辫女孩"不打不相识"的故事。我真在周一送给她一卷完完整整的卫生纸，顺便开启了我俩的书信模式，我会分享我喜欢读的书，她会告诉我她的各种奇特想法。她主动添加我为好友，周末也会通过聊天软件沟通。她总是能把语文成绩考到全班第一，我也会毫不吝啬地夸奖她，她的作文经常被当作范文，同学们也越来越佩服她的才华。慢慢地，我也知道了她容易刺向别人的原因，其实她一直是个被别人不认可的"刺"扎得生疼的孩子，她经受过父母吵架、冷战，然后跟着奶奶小心翼翼生活的童年，她遭遇过小学老师的不公平待遇和严厉惩罚，她无数次承受同学异样的眼神……

就是这样一个没有被我贴上任何标签的孩子，越来越显现出了她的可爱和优秀。某个周一早上，她送给我一杯小米粥，并嘱咐我好好吃早餐；某个学期开学，她又给我送来几圈头绳，告诉我，这是她暑假创业失败的"尾货"；某个春天，她递给我一封替她姐妹打抱不平的两千字"战斗檄文"，开头便是"假如我是你女儿"；中考时她终于从"千年老二"华丽逆袭成"第一"；她读高一的国庆节假期，送给我这本《我要快乐，不必正常》，叮嘱我"要记得快乐，别管他人怎么说"；读高二的时候又传来她是全年级唯一参加作文大赛获奖的好消息；在读高三特别紧张的时间里，她还不忘给我送来一本书，名叫《精神明亮的人》……

每个孩子的人生都是不可限量的。

偶尔无礼，偶尔桀骜不驯，偶尔表现出让人担忧令人失望的样子，这很正常。老师和家长不能用"正常与否"来贴标签，只须静静地陪着他们，聆听他们成长的声音，期待他们生命拔节的瞬间，看他们健康快乐地长大，他们往往会还给你超乎意料的更多奇迹。

别怕，我们都在

子豪在 QQ 空间里写了一篇文章，名字叫《不许你告别》，我读着读着竟哭得不成样子。

他养了十年的乌龟，忽然在一个夜晚偷偷爬出了自己生活了很久的鱼缸，不停地用它那柔软的爪子抓他的门。子豪在梦中好像听到了声音，爬起来开门查看却未发现任何异常，刚躺下，又听到声音，这下他决定好好查看，发现了这只从小不点长到很大的乌龟。他拿起它，嗔怪道："你大半夜爬出来干什么，还那么吵，赶紧回缸里去。"说着就将乌龟放回了鱼缸，可是第二天一早，子豪发现那只乌龟一动不动了。再仔细一看，那只乌龟已经离开他了。

"你为什么会死？人家不是说乌龟是很长寿的吗？"

"你昨晚是在和我告别吗？还是想要我帮帮你？"

"我太傻了，我不懂你为何费那么大力气爬出来，结果又被我送回去。可是我真的不想和你告别，我也不许你告别！"

子豪借着文字发出的一声声呐喊，刺痛了我的心。

很快他的空间说说里，有很多人点赞，也有很多评论。

我直接点开了和他聊天的窗口，小心翼翼地发去一句问候："子豪，在吗？"他很快地回复道："夏老师，我在，我很难过。"我给他发去一个"抱抱"的表情，接着说："我看了你的空间日志，想起我小时候的事。那时我们家养了一只猫，结果晚上出去吃了被耗子药毒过的老鼠，早晨起来我们看见它就躺在我家大门口，门上全是它抓过的痕迹。我永远都忘不了它头朝向家门的样子，还有它眼中的泪水，让我寝食难安，第二天哭得都不能去上学了。"这下，是子豪回了我一个"抱抱"的表情。

接着我们又聊了好多，关乎生命和告别。最后他轻轻地告诉我："谢谢您，夏老师，我发现难过的时候有人能懂，真的会伤心减半呢。"我也微笑着回复他："也谢谢你，无比信任我，向我敞开了心扉，好好记住，别怕，有些告别也预示着新的开始，这世上好多爱你的人都还在。"

说了再见，我以为接下来一大段时间，不会再有什么事情是他扛不过去的了。

结果八年级下学期，噩耗传来，子豪妈妈生病了，癌症，还是晚期。

子豪妈妈留给我的印象特别好，她和我同龄，只是生日比我大一些，她是从事幼儿教育的，有一颗温柔善良的水晶心。从七年级入学开始，她就积极配合班级工作，来给孩子们送纸张彩笔等材料筹办墙报，每次家长会后她会拉着我的手拉家常，她还会时不时跟我分享她教育幼儿园小孩子的点点滴滴，这些都让我觉得她就是一位温暖的邻家大姐姐。

我右手颤抖着，几乎拿不住手机，听她在电话那头向我哭诉，她说上天已经给她下了死亡通知书，她也不知道自己还能活多久。平时挺会安慰人的我竟然想不出一句完整的话，只能陪她一起哭。

"我们不能让子豪知道，我要勇敢地活着，妹妹，拜托了！我还不想离开，我至少要看到他上高中。"子豪妈妈忽然停止哭泣，无比冷静地说。这句话一下子又把我的心划开了一道口子，血淋淋的现实映衬着子豪那张倔强的脸，他也说过："可是我真的不想和你告别，我也不许你告别！"

"姐姐，加油，女子本弱，为母则刚！我们一起努力扛过去，有什么事需要我帮忙，你尽管和我说。"我句句发自内心，锥心刺骨。

后来，这事还是没能瞒住子豪，因为妈妈频繁地去济南化疗，人也越来越瘦削。

有个周末子豪给我QQ留言："夏老师，你在吗？"我看到后第一时间回复了他："子豪，我在。"手机显示他在线，信息正在输入，但我迟迟没有收到回复，我着急地连续问了几句，"有什么需要我帮你吗？"他才发过来一句简短的话："妈妈生病了，我该怎么办？"我的心咯噔一下，该他面对的终究还是来了。"子豪，别怕，你已经长大了，能担起的责任就要担起来，你一哭，妈妈会心疼，夏老师也会心疼，坚强一点，我们都要勇敢面对。"他又问："夏老师早知道这件事对吗？"我不想欺骗他："是的，因为我和你妈妈是很好的朋友，我希望我的朋友好起来，我也希望我朋友最在意的儿子能坚强勇敢起来。"子豪给我发过来一大串"流泪"的表情，我给他的回复依然是："别怕，这世上好多爱你的人都还在。"

或许生命的本质就是艰难险阻，每个人都在经历着不为人知的辛苦。子豪妈妈就是凭借着伟大的母爱和对生活的无限热爱，熬过了一个月一次的化疗、放疗，子豪也顶住了所有压力，顺利完成中考，被他心仪的高中录取。

毕业典礼那天,子豪妈妈给我发信息:"妹妹,我没有去现场,因为我的视力下降得很厉害,但是看了子豪爸爸拍摄的视频,很是想念你,也很感激所有教过子豪的老师。"我的眼前瞬间升起一团雾气,颤抖着回复道:"我们都有颗善良温柔却强大的内心,会让我们变得无所畏惧,顺其自然,心中有信念,相信一定会有好的安排。"

她很快回复道:"我有了新目标,一直扛着,等着看子豪上大学!"

"姐姐加油,坚持就会有奇迹。我们有软肋,这也恰恰教会了我们如何身披铠甲。"最后我加了一个"必胜"的表情。

"此刻的幸福,足可以抵消我曾经难以言说的痛楚,谢谢妹妹。"她也调皮地加了一个"抱抱"的表情回复我。

再后来,我看到子豪在 QQ 相册里发了全家福,他们都笑得很美,子豪配文:"别怕,我们都还在。"看到这儿,我又泪眼婆娑了。

老师和学生以及家长,原本都是素昧平生,只是因为学生短短的三年求学经历,我们彼此建立了一生的联结。直到现在,无论是子豪,还是子豪妈妈,都是我心头永远的牵挂。

那个冬天有点暖

2005年,我大学毕业,怀揣理想和满腔热情走上教师岗位,我的第一站便是一所大门靠着一条大路其他三面都是田地和树林的农村中学。尽管当时残酷的生活环境给我的热情泼了一盆凉水,但我遇到的孩子一个个眼中闪耀着善良和可爱的光芒,他们小心翼翼呵护着我的一幕幕,让我至今难忘。

那个冬天的一个晚上,北风刮得没封严实的窗户咔咔作响,因为没有晚自习,我便一个人蜷缩在被窝里看小说。忽然觉得有些口渴,我想起用来烧水的"热得快"坏了,于是端起水杯,披上外衣趿拉着拖鞋,去隔壁同事屋里讨热水。因为很近,我没关灯也没锁门,只是虚掩了一下就出了门。

前后不超过三分钟,我自己倒了水,又和同事寒暄了几句,就往回走了。其间,好像听到了急促的脚步声,但我们全然没放在心上。等我再次回到宿舍时,发现房门大敞着,我的一只棉鞋也从床前莫名其妙"跑"到了门边。走到屋子中间,我大惊失色,"啊"了一声,夺门而出。整排女教职工宿舍只有几间亮着灯,大家听到我的呼喊,赶忙开门出来问我发生了什么事。我当时又恐惧又害冷,上下牙打着架,一句完整的话也讲不出来。她们过来搀着我,一起进了我的宿舍,有她们陪伴，我渐渐恢复了平静。检查发现我放在桌上充电的手机不翼而飞，连充电线也不见了。那个时候，一部普通手机也需要我俩月的工资，想到这里，刚刚的恐惧再次袭来，我心疼又心悸地哭起来。

几个同事一边安抚我，一边咬牙切齿地咒骂着那个小蟊贼，一个大胆的同事还跑到宿舍外面，拿着手电筒照遍了每个墙角旮旯，可惜除了无尽的风声，什么也没发现。后来同事把我拉进她的宿舍，好不容易才迷迷糊糊地睡去。

终于熬到了天亮。同事烧了热水，我洗完脸，看着镜子里的自己，哭笑不得。我的眼睛哭肿了，怎么努力睁也还是一条线，这个样子怎么去上课呢？孩子们会不会笑我呢？没办法，还是硬着头皮去了教室，一直低着头，说了句"同学们先预习新课完成课后题"，就背对着他们站到了教室门口。可还是有眼尖的同学发现了我的异常，善良的他们并没有追问什么，而是写了厚厚一摞纸条让课代表交给我。我展开第一张纸条就再次热泪盈眶，不过这次不是伤心，而是感动，只见纸条上写着："老师，进教室吧，门口冷。"

泪眼蒙眬中我一张一张翻看剩余的纸条，有的写："虽然我不知道发生了什么，但同学们都说老师肯定哭了，哭没什么丢人的，我就经常哭。"还有人写："老师跟我们说说吧，别自己一个人偷偷难过，还有我们呢！"竟然还有一个孩子写："失恋没什么可怕的，旧的不去新的不来，老师，坚强点！"看到这里我竟然没忍住笑了，这群孩子还在等我上课呢，我却兀自任性悲哀，真是不该。终于我鼓足勇气微笑着走上讲台，坦然地抬起头让孩子们看了我的"泪眼"，并且给他们讲述了昨天晚上丢手机的事。孩子们听得都很认真，商量该如何"保卫"我。那一刻，我也像个孩子，沉浸在有人倾听、受人关注的幸福里，眼前的这群孩子更像是我的朋友，而不是我的学生。

冬天，白天显得特别短，一转眼就过了一天，上完晚自习我就乐呵呵地回到了宿舍。现在想来，当年二十来岁的我就是个心智不成熟的孩子，很快便能忘记那些令我伤心不已的事情，兜里装着MP3，耳朵里塞着耳机，仿佛天大的事也与我无关了。

第二天一觉醒来，外面白茫茫一片，我才知道下了大雪，又赖了会儿床，才爬起来洗漱。这时听到门口俩孩子的对话："老师起来了，你快敲门！""你怎么不敲？""不是说好了你敲吗？""你，你敲，我手冻僵了！""我的也冻僵了！"我顾不上洗脸，赶忙边开门边从窗帘缝里看是谁，门口竟然是我们班的双胞胎兄弟俩，他俩家在学校附近，平时走读。我刚打开门，还没分清哪个是哥哥哪个是弟弟，就见其中一个男孩递给我一个用毛巾包裹的东西，然后他俩不等我问话，留下一句"老师，我们还要早读呢"，就飞也似的跑开了，欢快的脚步踩在雪地上，嘎吱嘎吱响。我收回目光，看向我手里的毛巾，它竟然动了！我被吓了一跳，幸好没有扔掉，赶紧打开一看，是一只黄灰色和白色杂毛相间的小狗，它正哆哆嗦嗦地用惊恐的眼神看着我。它旁边是一张小纸条，上面写着："老师，这以后就是你的狗了，它可以帮你看家护院，让你不再丢东西。我妈说它还差两天满月，让我晚两天给你，但我和哥哥觉得你现在最需要它，于是我们俩就不等了。哦，对了，它在狗窝里待得有点臭，我哥还给它喷了香水，你闻闻。"我被这俩孩子的单纯和善良打动了，不知道他们在我宿舍门口等了多久，也不知道他们冻僵的手暖和了没有，闻着那股香水味和狗味掺杂在一起的气息，我眼睛又湿了。

等我找了纸箱和旧衣服安顿好小狗，急匆匆走进教室的时候，孩子们正兴高采烈地等着我的到来。"老师，二子（同学们对双胞胎弟弟的昵称）说给你挑了只他们家最好看的小狗，老大（哥哥的昵称）却说一点也不好看，我们很想去你宿舍看看二子的审美。"班长第一个向我解释他们的讨论。"老师，你喜欢吗？这可是我们共同想出来的办法！"又一个女孩笑着说。"感谢大家想出来的好办法，那只小狗很特别，我很喜欢，等会儿下了课大家一起去我宿舍看它，并且给它起个名字吧。""好！"同学们欢呼着，我也心情愉悦，特意看了一下那对双胞胎兄弟，他们笑得十分开心。

　　后来同学们一起看了小狗，有人笑弟弟的审美，有人却说狗狗很可爱，还有人说只要老师喜欢就行，好不好看都不是关键。我让他们给小狗起个名字，这下更热闹了，有孩子根据狗爪子是白色的，取名"踏雪"，有人根据狗毛黄色居多，取名"阿黄"，还有人根据狗狗鼻子上黑白分明的标识，起名为"宝马"……那一瞬间，阳光洒在积雪上，和他们灿烂的笑脸交相辉映，显得他们更加纯洁无瑕。

　　后来那只小狗成了我们班的明星狗，和孩子们一样，成了温暖我整个冬天的朋友。孩子们一有空就成群结队地和小狗玩耍，也因此写出了很多灵动有趣的作文，再后来一个暑假里那只小狗在横穿马路时被撞死了，孩子们和我为此都伤心了很久。

　　日子真快，眨眼间就快二十年了，当年那群孩子如今早已成家立业，不知道他们还会不会偶尔记起那个冬天这只小狗的故事。

别和孩子较劲

"老师,全班只有一个人没交作业,他说他不会写也不想写,你保准猜不到他是谁。"课代表小君一大早就给我送来了昨天的课后作业,还神秘兮兮地给我出了一道猜谜题。

"你那么负责,每次作业都收得很齐,我还真不好猜,快告诉我是谁吧。"我笑嘻嘻地对她说。

她手忙脚乱地比画着:"就是那个成绩名列前茅,昨天语文课睡觉被你逮到,你没有罚他站,他竟然又睡了第二觉的人。"

"哈哈,是他?那你帮我把他请到办公室来,我问问他是什么情况。"我眼前浮现出男孩小宜清瘦的模样。

一晃两节课过去了,课间操的时间比较充裕,可他也一直没有来找我。我去教室恰巧看到他趴在桌上睡着了,我挺心疼,心想他一定很累,就没有喊醒他。

谁知第三节课过后,他还是没来找我,小唐同学却闯进了办公室,看他的步伐,仿佛是被人推进来一般,可惜我没有看清办公室门外究竟是谁。小唐同学习惯性地摸着他的左半脸,再战术性地待我看向他时不等我提问便快言快语道:"老师,我和你说一件事,你千万别生气。"我看着他，猜不透他葫芦里卖的什么药，于是笑着说："说吧，犯了什么事，我现在修炼得还可以。""什么嘛！不是我的事……是咱班那个最倒霉的人，就在刚刚做眼保健操的时候，他喝了一口牛奶正好被督查人员抓到，好像要扣班级量化分了，老师你千万别生气。"小唐同学那丰富多变的表情很带喜感。我摆摆手表示不会生气，并让他告诉我班里最倒霉的人是谁。

"老师你不骗我对吧？真的不生气对吧？那他是谁也不重要了对不对？"小唐同学的古灵精怪三连问让我措手不及。

"嗯，是谁不重要，你负责通知他，请他来办公室找我吧。"我忽然板起脸来，吓得小唐同学眼神都飘忽了。

"啊？老师你说话不算数，说好了不生气的。他是不会来的，他要能来，下第一节课就来了。"小唐同学不经意的一句"出卖"，让我心头一紧。

"你是说小宜？'咱班最倒霉的人'这个评价是谁给的？"我继续追问。

"啊，他自己评的，哦，不对，是我评的。老师你最好了，老师你可千万别批评他，他已经够倒霉的了，刚趴在桌子上一小下就被你认为是上课睡觉，百年不遇的一次作业没交就被你针对了，还有他就只喝了一口牛奶就被监督员抓到了。"小唐同学还想软磨硬泡。

我从椅子上站起来："走，他不来找我，那我去找他。"小唐同学急得抓耳挠腮："老师，'外交'失败，这让我多没面子啊！"我没理他，径直出了办公室，门口竟然堆叠了好几个我们班的男孩，他们正将耳朵贴着门听我们的对话呢。我笑了笑，没理他们，走路带风般快步走进教室，以防他们几个通风报信。小宜同学正和他的同桌谈笑风生呢。我走到他面前,佯怒道:"我亲自来请你去办公室,赏个脸吧。"他大吃一惊,然后失了魂一般随我走出教室。

"怎么了?感觉自己特倒霉吗?"我一改生气的模样,想和他开个玩笑。

"没有。"他并不抬头看我,冷冰冰地吐出两个字。

"说一说这次片段描写作业遇到什么困难了吧?"我继续好言相问。

"不会写。"他忽然抬起头,依旧没正眼看我。

"最近是睡不好吗?有时候第一节课就见你趴在桌子上犯困。"我只得转移话题。

"不会写也不想写那个作业。"他仍然纠结作业问题。

"不会写我可以教你,你是不理解细节描写吗?生活中总有让我们记忆深刻的瞬间,如同朱自清看到父亲为他买橘子的那个背影,那一段文字集合了父亲的外貌、语言、动作描写,种种细节刻画,向我们展现了一位爱得平凡却深沉的父亲形象。我们的作业是仿写,不一定非写父亲啊,可以是任何让你感觉爱着你的人,找出感觉被爱或者理解爱的一瞬间,前后勾连成一段细节描写即可。"我生怕他是真的没弄懂作业要求,又讲解了一番,显然有些"好为人师"了。

"没有。"他迅速低下头,又重复最初的两个字来对抗我的啰里啰唆。

"没有灵感?"我笑着问。

"都没有。"他说出这三个字的时候,我忽然感觉眼前这个男孩好陌生,一点也不像我印象里的他。他曾勇敢地走上讲台说出"我想竞选卫生委员",虽然落选,但他依旧默默地守护着班级的卫生;他在宿舍里和同学一起唱歌说笑，有一次宿舍的门锁坏了，修理师傅说得破门而入，是他飞起一脚将门成功打开；他认真仔细地参与每一节课，自主预习和复习的能力引得所有同学羡慕不已；他会工整地书写每一篇周记，把对一件事的看法和自己的想法准确地表达出来；他尊敬师长，犹记得有次周五放学他着急忙慌撞到了我，我没当回事，回家后他却特地给我留言说了一大段抱歉的文字……

"你罚我吧。"他突然看向我，把我飘远的思绪硬拽回来。

"是什么让他突然变成今天这个样子？是我忽略他太久了吗？"我没有任何表态，皱着眉头在心里反复问自己。

"我不想写那个作业了，你罚我吧。"我们的聊天彻底失去了节奏，他跨越了问题分析这一步，直接到了问题解决，而我还在"提出问题"的环节。

我其实很想问他为什么不想写那个作业，但是我能猜到他很有可能会回答"没有原因"，所以话锋一转，想再"拉"他一把："你数学学得挺好的，我记得有次考试作文你写了数学老师，他帮你解答疑惑并鼓励你的瞬间写得就很好。"

"我瞎编的。"他眼神黯淡，低下头。

"编的？数学老师没有鼓励过你吗？"我有些急了，开始用反问语气。

"不知道。"当他低着头吐出这三个字时，我明白我们没有继续沟通的必要了，我像是囫囵吞下了一个汤圆一般，喉咙堵得难受。

"站那边想一想，感觉自己'知道了'时我们再聊吧。"说完这些，我便开始工作。

"我想回教室拿点作业，站这里太无聊了。"他无比真诚地看着我，这是我们这次对话中他说的字数最多的一句。

"回去上课吧。"我不知道该再说点什么好，心里泛起一丝酸楚，但我清楚他绝不是个不爱完成作业的孩子。

看他走出办公室，我深舒一口气，不断复盘最近和这个孩子的交集。我们学习《背影》这一课，他先后几次趴下，最后一次干脆闭上了眼睛；我们班开家长会，他的家长是第一个请假的，当我和他说的时候，他竟然如释重负般笑了；我们家长会有个在黑板上书写"秘密暗号"的环节，尽管他家长没来，但他还是写下了"吾心吾行，澄如明镜"八个字……哎，对了，这八个字究竟是谁说的，又是什么意思呢？

打开网络搜索，我大吃一惊！自以为是的毛病差点妨碍了我的认知，这八个字后面还有"所作所为，皆为正义"八个字，更重要的是，这并非出自我国古代哪位文豪之手，反而是一部日本动漫里"最好的反派"说出来的话，他渴望得到信任。我忽然一瞬间理解了他，他其实只是个孩子，在一场没有家长到来的家长会上，他可以公然写下自己的心声。

事后我又跟他的母亲做了电话沟通，再次证实了我的判断。挂断电话，我便提笔给男孩小宜写了一封短信，我用了超级大且洒脱的字体，写下了："吾心吾行，澄如明镜；所作所为，皆为正义。小宜，我们和解吧，这次作业你不用补交了，保持你自己的节奏，心中有梦，全力以赴吧，我永远信任你，支持你！"

写完，我去教室将信递到他手里，我没有再去看他的表情，转而云淡风轻地和同学们开起了玩笑，将同学们的注意力吸引到我这里来，我猜那样他会安心地读完我写的那几句话吧。

之后，他上课再也没有趴在桌子上打盹，他的作业也都能按时高质量地完成。每每看向他，都会感觉我们之间有种默契的力量，我再次长舒一口气，庆幸自己没有咬住他的问题不放，庆幸自己尝试走进他的世界，也幸好自己在和他和解之前已经学会了自洽。

还是那句话，别和青春期的孩子较劲，赢了输了都无益，有时候放他一马，就等于拉了他一把。

又见小艾

周末,刚打开 QQ,便弹出一条信息:"老师,在吗?"发信人是已初中毕业多年的学生小艾。

"你好,小艾,好久不见啊。"我高兴地敲下这些字,点击"发送"键。

"老师好,我刚写了一个剧本,您帮我看一下。"没想到他能秒回信息。我有点喜出望外,不仅仅因为他毕业那么久了还能记得我,毕竟我只是他的特色课老师,每周只带他一节课,并且只带过一个学期;更因为他在我的印象里总是笑容满面,这让我心生愉快;还有个重要原因,我没想到这么多年过去他竟然还一直坚持着写剧本这个习惯。

我回想起和小艾初见时的情景。我们学校有"每周三下午选课走班"的传统,类似于社团活动,由具备特长的老师负责教学,各年级的学生自愿选择,走班上课。那年我申请担任了"编个剧本"的任课老师。等"篮球""排球""乒乓球""国画""素描""剪纸""文学创作""诗歌鉴赏"等一众热门特色课师生双向选择后,只剩六名学生单项选择了我,其中还有四名是我自己班的学生。另外两名同学倒也坦率:"没得挑了,人家都满员了。"小艾便是这两名同学之一。

我们找了一间小教室,打算安安静静地开始第一课。因为有我熟悉的四名学生,所以我先让其他两位同学登台作自我介绍,小艾同学就这样皱着眉头被另一人推上了讲台,他显然没做好准备:"我姓艾,艾是一个草字头,一个……一个……"他不停地重复"一个",然后他们六个,你看看我,我看看你,竟然不约而同地哈哈大笑起来。这时的我显然有些格格不入,我不明白这群孩子的笑点为何这么低,我笑着将粉笔递给他让他写下来,他突然憋着笑说道:"一个叉。"说罢,他们的笑声更大了。我们人少动静却不小,我赶紧关上教室门,生怕影响隔壁班级上课,并示意他继续。他竟又一本正经地开起了玩笑:"你们随时都可以喊我'艾——同学'。"他拖着长腔,拿右手放嘴边作呼喊状,台下几人也配合,大声喊道:"哎——同学。"还有人给变了调:"诶?同学。"那一刻,我们都觉得小艾是个人才,脾气好,表现力也好。后来熟悉了,我们的编剧社成了非常融洽的一家人,虽然大家学习成绩都"不值一提",但是大家在剧本创作上都保持了高涨的热情和浓厚的兴趣。我们一起赏析电影片段,解析剧本套路;一起阅读经典话剧,学习编剧艺术;一起尝试同题编写剧本,互相切磋……

很可惜,出于种种原因,我们的编剧课在一学期结束后便被迫停止了,大家生怕失去联络,建立了QQ群,互相加了好友。谁知喧闹了一阵子后很快便归于平静,那段时光就这样悄无声息地被尘封在了记忆中。

前两天,我收到刚上高一的学生小晗发来的新作,她在文字里和李白相约一场"侠客行",文风依然飘逸,文笔更加老练,她说她准备参加"叶圣陶杯"作文大赛。我以为小艾发给我的剧本创作也是要参加什么比赛，便迫不及待地点开剧本，却看得触目惊心。

剧本分四个场景，主角的名字就是小艾。第一场景中的少年小艾很单纯、弱小，他在学校被同学排挤，被边缘化，因为成绩不好被老师当着全班同学面羞辱，回到家也是被父母责骂，那时的他便萌生了厌学情绪。第二场景是刚上高中的青年小艾因为在学校各种不适，请假回家休养，却在家中和父亲发生了争吵。酗酒的父亲喝红了脸，扬起手便想打他却被他牢牢钳住，前来劝架的母亲也被父亲推倒在地，恼羞成怒的父亲突然红了眼，叫嚷着"不孝子不可活"，想要拿家什打他，他夺门而逃……第三场景是离家出走的小艾睡了几日公园长椅后，结交了一群"社会"朋友，和他们整日混在网吧，当把钱挥霍一空后那群朋友提出抢劫，他尚存的良知让他逃离了"组织"，走向了漫漫求职路，靠出卖体力的底层工作磨破了他的肩膀，在他看来稍微体面点的酒店服务员竟然要求有高中毕业证，在最后一次求职被拒后，他彻底绝望了，站在了楼顶。最后一幕简单到只有四个加粗的红字：坠楼，剧终。

盯着红字，我的心情异常沉重，记忆里笑容满面的小艾和剧本中沧桑不堪的小艾交替闪现，我不知他出于何种缘由写这样一个剧本，发给我是不是想要得到我的挽留。我生怕拿捏不对自己的说话语气，反复斟酌之后，给他留言："主人公小艾或许还有很多很多种结局，所以咱先不要潦草剧终。咱们一起聊聊他还有哪些可能的结局，好吗？"

他依旧很快地回复："好的，老师，谢谢您，我仿佛又回到了我们一起上编剧课的日子。"

从他的回答,我推断出他的状态没有我想象中离谱,于是便进一步问:"这个剧本中的小艾是你虚构的吗?"

"我是原型吧。"他回复得似乎慢了一点。

"噢,好久不联系,我都不知道你现在是上学,还是工作了?"我继续和他聊。

"我高一下学期就辍学了,学不进去,大概情节和剧本中的类似。"他倒是说得云淡风轻,我这边却唏嘘不已,果真还是有故事的。

我小心翼翼地问:"能告诉我,你现在做什么工作吗?"

他回答得既简洁又迅速:"直播带货。"

"你依然喜欢写剧本,对吗?"我又岔开了话题。

"是的,我仔细想来,自己有限的上学时光里,就那段跟着您上编剧课的日子最放松,也最快乐,感觉编剧班的老师和同学像光一样温暖着我。我现在做直播行业,也经常会编排一些段子拍赚些人气。最近我一直关注胡同学的新闻,感觉我和他很像,都是升入高中后莫名其妙地失落,又无人倾诉,人前装作若无其事,每晚都会心潮汹涌。长久的失眠终于让我不堪重负,我选择了休学。回到家,爸爸一句'不上算完,赶紧去挣钱',彻底熄灭了我上学的念想。有一天我喝了点酒,在很压抑的状态下写了这样一个剧本,我很想把剧本打磨得更精致一点,于是一下子想到您,想请您帮我改改。"他通过语音发过来这么一大段。

"小艾,你听我讲,我很高兴听到你现在有自己的工作,并且捡起了你的写作爱好。你做直播拍段子,那我们是否更要考虑周全?因为关注你或者偶然刷到你直播号的人,或许正是和你当年一样苦苦挣扎的高中生,也或许是一群涉世未深的中小学生,他们会从你的作品中获得什么呢，他们是否也需要更正向的能量指引前行，像你曾经也渴望遇到一束光一样？"我也用语音给他回复了一段。

"老师，听到您的声音，我太幸福了，您还和我记忆中一样温柔。您说的话，我听明白了，其实现在的我，偶尔也还是会迷茫，但大多时候我都在努力生活，我吃够了没有学历的苦，也在尝试着看书自学，'三百六十行，行行出状元'嘛，我会再积累一些生活素材，继续丰富这个剧本的结尾。您说得对，人生还很长，不要潦草剧终。"听得出来他很开心，我眼前仿佛现出他的样子，就像最初见到他时那样笑容满面。

"老师，您最近忙吗？我想回学校看看您。"还没等我回复消息，他又发来一条。

"刚开学，我不算很忙，很期待能再见到你。"我长舒一口气，轻松地回答。

于是，在一个乍暖还寒的周二下午，我又见到了小艾，他比之前高了，也清瘦了一些，但笑容没变。

晚上早睡，记得关窗

"晚上早睡，记得关窗。"每到入秋夜微凉时分，心中总会想起那个有着一对漂亮小酒窝的女孩，她笑意盈盈地嘱咐我。

我和她的缘分，开始得比那个班里任何一名同学都更早一些。那是个暑假的末尾，刚送完一届毕业生的我被临时通知再接一个毕业班，在家休产假的原班主任鞠老师拉我进了她班的家校微信交流群，而她是第一个添加我好友的人。

"您好，老师，您是这个班的新班主任吗？"她率先问候。

"您好，小诺家长，我是新班主任夏老师。"因为她是经过家校群添加好友的，我误认为她是学生家长。

"夏老师好，我是小诺，看我聪明吧，鞠老师邀请您进群，您什么都没说，我就猜到您是我们的新班主任！"她在网络那头掩饰不住自己的开心。

听这语气，这一定是个活泼可爱的女生。带着几分好感和新奇，我又继续和她聊了起来："你真的很聪明呢！那我想听听你想要一个什么样的人来当班主任，看看我是否符合你的标准。"

"这不太好说呢，但第六感告诉我，夏老师就是最适合的人选。"

哈哈哈……"情商很高的她用一句"恭维"的话加一串表情回答了我的问题。

"对了,老师,你还检查我们前语文老师布置的暑假作业吗?"我还没想到继续和她聊什么,她主动发起了话题。

"你那么聪明,那你猜猜我会不会检查。"我也"调皮"了一下。

"这样啊,我猜你一定会检查,俗话说得好,新官上任三把火嘛,你不得烧得旺一点!"她一本正经地说道。

"这样啊,那恭喜你,你又猜对了。"我继续和她愉快互动。

"啊!我要把这个无比悲伤的消息转告兄弟姐妹们,是时候创造一个人一支笔一晚上一个奇迹了!"她最后还发了个"撸起袖子加油干"的表情。

"你真是个可爱的女孩!那你能顺手把我拉进咱们班同学群,让我提前认识一下大家吗?"我紧接着说道。

"这不妥吧,老师你你这是要打入敌军内部吗?"她调皮地问。

"不是打入,是加入;不是敌军,是盟友。"我也发了个"一片冰心在玉壶"的表情以表忠心。

"那好吧,不得不说,我被你的真诚打动了。"她一如既往地幽默着,仿佛我们是认识好久的朋友,而不是素未谋面的师生。

我们先添加了 QQ 好友,很快我就被拉进了一个五十人的 QQ 群。等了一会儿,她并没有"隆重"介绍我的意思,群里也是静悄悄的。这有点不太正常,要知道这是在假期,我所在的学生 QQ 群,几乎一眨眼的工夫消息就能高达 99 +。我斟酌了片刻,决定自报家门。

"大家好,我是新来的语文老师兼班主任。"我敲下这一行字。

没想到,命运的齿轮就此开始转动,我的一句话竟然一石激起千层浪般引发了大家"仿写句子":"大家好,我是新来的数学老师兼班主任。""大家好,我是新来的英语老师兼班主任。""大家好,我是新来的物理老师兼班主任。""大家好,我是新来的化学老师兼班主任。"……他们把九年级能想到的学科都安排了一遍。

"请相信我,她真的是我们的新班主任。"小诺在关键时刻出手了。

"稍等,我掷骰子压压惊,掷个'六'送给你。"男孩小马发了一个骰子的动态表情,骰子点数停在了"一"。

"我来,瞧你手气真不行,看我的。"男孩小宇也开始掷骰子,结果停到了"四"。

"加油,看谁先掷到六,我有奖励。"我看他们玩起来了,继续说道。

"你是谁?哪个班的?为什么进入我们班级群?我查看了她的QQ资料信息,昵称是一串英文,头像是罗小黑,个性签名很个性,性别女,年龄填了105岁,居住地是普罗旺斯。她肯定不是老师,老师不会这样的。"男孩小轩自带"福尔摩斯"潜质,分析得头头是道。

"小宇,你就等着吧。你竟然不信我,是我把夏老师邀请进群的。"小诺单独"艾特"了他。

说话间,小诺也发了那个掷骰子的表情,结果就正好停在了"六"点上。

"小诺,恭喜你啊,看来咱俩的确是缘分到了,挡也挡不住。我是个说到做到的人,奖励一次见面吧,你准备一下,明天我会去你家家访。"我的一个临时决定,瞬间引发了群里的混乱。

"真的?谁来告诉我这是不是真的?玩得这么'开心'吗?这是

老师？你确定这是老师干出来的事？家访也这么不走寻常路吗？"男孩小马连发数问。

"哪个夏老师？六班的物理老师好像姓夏，但他是男的。"小宇也跟了一句。

"小马和小宇，老师也很想认识一下你俩，快要开学了，我们的教室需要打扫卫生，方便的话，希望你俩能来帮我。"我又说道。

"嘘，我想静静。""别说话，万一老师名字就叫静静呢。"小马和小宇依旧在群里开着玩笑，没有想到几天后在打扫教室的时候真的见到了他俩，竟然是两个非常认真、非常板正的男生，后来他俩也都成了我最好的小搭档。

"夏老师，我这么幸运吗？刚成为网友不到两小时就要'奔现'。我很紧张呀，能不能换个奖励？"忽然收到了小诺私发给我的消息。

"可是，老师真的很想认识你呀。"我对她轻松地说道。

"可是我家长明天都上班不在家啊，你家访啥呢？"她继续说。

"我不是去拜访你家长的，就是想提前认识一下你。"我郑重地解释道。

"那好吧，谁让我也想认识一下活泼可爱的夏老师呢！看来，我今天得开始打扫卫生了，哎呀，家里乱死了！"小诺竟然用我送她的"活泼可爱"这个词回馈了我。

第二天，我们约了下午时分见面。见面之前，她不停地给我发消息问我什么时候开始走，什么时间能到，还说家里实在太乱了，生怕我到了之后她还收拾不好。看她如此在意，我觉着还是给她留点空间比较好，于是我提议，约在楼下的奶茶店，我请她喝杯奶茶，顺便聊聊天。她显然没有想到我不登家门了，开心地连发了两个字"等我"，然后配上三个"开心"的表情。

　　四点左右,我见到了笑容可掬的她,印象最深刻的是她那一对可爱的小酒窝。她见到我竟然一点也没有生分感,挽着我的胳膊一块走进奶茶店,点奶茶时她说:"老师,我请你喝,我有钱。"我笑着看她:"说到做到比较好,我请你喝奶茶,你陪我聊天。"坐好之后,她先拿出手机,拍了一张我捧着奶茶的照片,然后问:"我能发 QQ 空间炫耀一下子吗?"我不置可否地笑了:"炫耀我吗?"她笑道:"主要是炫耀我,我遇到了史上最幸福的一次家访!"我点头。她笑得就跟一个得到了心爱玩具的孩子一样。

　　等她炫耀完,她给我看评论,同学们纷纷要求她发地址,说是要来围观我们喝奶茶。她回复道:"那可不行,我这可是掷骰子得来的,这叫缘分。"我们笑着说着,班里的同学八卦,以前老师的情况,她都知无不言言无不尽,我一直在听她说,时不时回应她一个微笑。她一直向上的嘴角,嵌上一对小酒窝,成了她留在我记忆中最美的符号。

　　后来,她又开心地跟我说,她在班里最好的朋友小庄也想认识我,我二话不说配合她的想法,发动车子和她一起去她的朋友家。我特意让她拨通了妈妈电话,说明了情况。她坐在副驾驶座上,一直高兴得手舞足蹈,她告诉我,现在班里的同学都想认识我。

　　那一刻,我知道,融入孩子世界最好的方式就是像个孩子一样,真诚地倾听他们,用他们喜欢的方式沟通,让他们感觉到尊重,又感觉到被宠,建立起安全感和信任感之后,他们就会释放足够的友好。

　　她的好朋友小庄早在楼下等我们,因为有她,我们三个丝毫没有隔阂。其间她们再次拍了照片发空间炫耀"被家访"的幸福,这下可好，离小庄家很近的几个男孩骑着自行车也赶了过来。美其名曰的"家访"，变成了我们初见即美好的一场聚会。在小庄家，热情好客的家长包了好吃的水饺招待我们，大家边吃边开心地聊，聊对我这个新班主任的印象，聊自己的暑假生活，还有未来的梦想……不知不觉已经到了晚上九点，我们意犹未尽地和小庄道别，打算各回各家。

"夏老师，你和我遇到的所有老师都不一样。"小诺又坐回副驾驶座上，一改微笑的模样，深沉地说道。

"每个人，都是独一无二的，你也是，今天晚上见面的所有同学也是，和我曾经遇到的学生都不一样。"我温柔地回应她。

"夏老师，谢谢你，我好久没有这么开心了。"她的声音竟有些哽咽。

"哎呀，怎么忽然变伤感了呀，我很高兴认识大家，再说了，这才刚开始，我们还有一年的时间在一起努力呢。"我细心地宽慰她。

"我会好好学习的，其实你不知道，我学习并不好，而今天我得到了我上学以来最大的偏爱。"她终于哭了出来。

"我评价学生，从不把成绩好坏当成衡量标准，因为学习成绩只代表一个人过去某一时段的学习情况，只要再努力就会有进步。再说了，谁都有自己擅长的和不擅长的事情，将自己擅长的发挥到最佳，不擅长的事尽力就好。我与学生交朋友，更重要的是看他们的人格品质，我觉得'同频'很关键，乐观、积极、真诚、幽默、大方等都是吸引我的正向频率。"我把车靠路边停下来，轻拍她的肩膀安慰道。

"我符合你的朋友标准吗？"她抬起小脸看向我。

"当然啦，从第一次聊天，我就感觉咱俩有缘能成为朋友。"我笑着看她，帮她擦去不经意间又滑落的泪珠。

"老师,其实,我有好多话想和你说,一时却又不知从何说起。别看我那么爱笑,其实我心里藏了很多很多委屈,有时候笑并不代表我的心情,只是掩饰自己内心的表现,我不愿意让别人看到我的脆弱。"她继续抽泣道。

"不急,我们的时间还长,可以慢慢讲。"我平静地拥抱了一下她,轻声地对她说。

她不再讲话,也没有再笑。我也没有再追问,就让她静静地平复自己。其实我特别能够体会,无论大人还是孩子,有时候脸上挂着笑恰恰是因为心中有太多的苦,要不怎么有句话说"一切喜剧都有一个悲情内核"呢。

到她家小区门口的时候,她下了车,轻轻说道:"夏老师,晚上早睡,记得关窗。"我轻轻地点头,跟她挥手告别。

"一定要记得呀,夏老师。"我有些莫名其妙,问她为什么要这样叮嘱我。她说:"这是爸爸以前经常嘱咐我的话,秋天昼夜温差大,晚上一定要记得关窗,小心着凉。可惜我现在听不到了,我喜欢夏老师,所以把这句叮嘱送给你。"这大概是她感觉最温暖的一句叮嘱吧,她把它送给了她"偏爱"的我。想到这儿,我有些泪目了。

后来,她和我分享了很多她的故事,有难以预料的各种不幸和不容易,也有许许多多小开心和小快乐,每次我都会认真地倾听和真诚地陪伴。她也真的开始努力学习,一步一个脚印地前进,并且时时处处维护着我,不允许一个同学说我不好。她还是那么爱笑,在学校才艺展演时参加了由男孩小宇编剧的相声《换老师》,赢得了众人的赞誉。

再后来,她顺利升入高中,我们的联系慢慢断了。

又是雨后寒秋时分，我竟然又收到了她给我的留言："夏老师，告诉你个好消息，我入团啦！凭我自己的真本事哦！你说过，入团要品学兼优还得担任班干部，这几条我都占啦！原谅我这么久没有跟你联络，我现在每天都很充实，终于知道自己想要什么，要做什么了。我想要成为和夏老师一样优秀的人，我不能尽力而为，我必须全力以赴。最后，夏老师要记得啊，我很想你，你一定要保重身体，晚上早睡，记得关窗。"

嘴角上扬，有着一对漂亮小酒窝的她又闪现在我的眼前。是她让我更加明白，真正好的教育，关键在于老师和学生的关系，老师对学生最大的偏爱，就是倾听、接纳和回应；老师送给学生最好的礼物，就是帮助他们发现自身的价值。只有发自老师内心的爱，才能真正被学生感知；只有被学生打心眼里喜欢，他们才会心甘情愿跟随老师变得更好。正如古人所云："良师益友，潜移默化，温养人心。"

"晚上早睡，记得关窗，在每一个凉夜里。"我轻轻地在跟她的对话框里敲下这样一句细微且温暖的叮嘱。

盘点我班里的那些"小行星"

前不久，带孩子一起去影院看了新上映的《独行月球》。尽管在大人眼里电影情节是"科幻不足，喜剧有余"，可孩子却看得津津有味，连连发出"小行星是什么，为什么会撞地球"这样的疑问。

趁着孩子对小行星产生浓厚的探索兴趣，我们一起阅读和查询了相关资料，从 6500 万年前一颗小行星撞击地球使恐龙灭绝，到小行星在文学、电视、电影科幻作品里经久不衰，再到截至目前太阳系内已有一百多万颗小行星被确认，大约 57% 的小行星已经有正式编号，而所有这些认知很可能仅仅是小行星秘密的一小部分……

天文学家艾米·美因茨曾说过："从科学的角度来看，小行星是非常迷人的物体。它们在移动，表明我们身处于一个活跃的太阳系，以及我们在宇宙中的位置。"

我忽然有个奇特的联想，班级又何尝不是一个小宇宙？它并不是静态、一成不变的地方，而是非常活跃，每时每刻都有事情发生，我们每个人都如一颗小行星。班里的许多小行星，不管他们是否被掩盖在太阳的光辉里，不管有没有人发现他们，他们一直都在默默运行，也或许有那么一刻，他们也曾渴望被看见。

其实我们遇到的每个孩子都是一个独一无二的发光体，为了纪念那段独有的青春岁月以及那些默默发光的生命，今天我就来盘点一下我班里的那些"小行星"。

编号小 F——会唱歌的"小行星"

因为一次作业未完成而被老师批评，解不开心结的她鼓足了一万分勇气来办公室找我倾诉。

那天的晚风很舒适，我拥着她去了操场，我们一圈又一圈地走，一个故事接一个故事地聊。我听到了她从小学的优等生沦落到初中的"小透明"之后的内心痛苦，也听到了她自我否定没有任何吸引人的闪光点那种自卑挣扎，还有她自认为她不值得任何人喜欢也活该没有朋友的那种自暴自弃；而她也听到了我为她讲述的一个女孩在冰天雪地里无声呐喊和狂奔的故事，比起我们能拥有健康的身体和善良的灵魂，青春期里那些被我们无限夸大的"苦难"真的不值一提。

"老师，我想抱抱你。"她主动向我伸出双手。后来她在周记里写道："我想抱抱她，帮她慢慢融化那场下在她生命里的大雪。"

就是这样一颗"小行星"摇身一变，成了温暖我的"守护星"。

"老师，你喜欢听歌吗？我新录了一首歌发给你听哦。"我点开她发过来的《年轮》，空灵动听的歌声传来，一下子击中了我心里最柔软的地方。

"老师，再唱一首歌送给你哦。"不愿展示给别人的她，把我当成了唯一的听众。为了与她有共同语言，我也特意下载了"K 歌"软件，悲伤快乐时都会唱首歌与她分享。

"老师，晚安，一想到明天就能见到你，我又想上学了。"每个周末的晚上我都会收到她发来的信息，每次与她聊几句，她就会嘴角上扬，她笑起来最好看了。

"老师，别皱眉头，只想看你开心，我会努力的。"在毕业前的日子里，她收敛了所有的玩心，开始努力，一点一滴地追赶和进步，每天都是写写算算，连去我办公室吃零食的时间都挤不出来了。最终，她考取了理想的高中，开启了新生活。

会唱歌的"小行星"，我要对你说一声"谢谢"，是你的温暖让我们明白了"值得"的深刻含义。

编号小 D——能扛事的"小行星"

第一次发现他能"扛事"，是他把一张用铅笔密密麻麻写满了字的纸条放在我桌子上，然后浅浅地笑了一下，不等我说话便离开了。等我细细读完，发现前半部分写的是他的不满与纠结，后面是他强大的内心疏导与自我规划。他说这只是烦闷时候的宣泄，给我看，只是想让我更加了解他，并督促他做得更好。

第二次，是他和几位同学去办公室找英语老师，他一拐弯来到我面前。我忘记自己正在电脑前忙什么，只记得我抬头问欲言又止的他有什么事，他笑了笑："那先不打扰您了。"之后我没有去追问他究竟有什么事，他终究是一个人扛下了所有。

第三次发现他能"扛事"，是一个晚自习之后，被同学误解和中伤之后的他落泪了，这也是我第一次见他落泪。我慌忙问："怎么了，我可以帮你吗？"他硬是自己抹去了泪水，挤出微笑告诉我："没事，难过也会过去的。"看到他这个样子而我却无能为力，我没有忍住夺眶而出的泪水，这时候的他竟然拍拍我的肩："老师，要坚强一点。

对不起,是我打扰到了你的心情。"第二天的他,全然看不出昨晚的崩溃,平静如昔。

优秀的人很多,但能扛事的人却不多,遇到事,心不乱的人又是极少。

能扛事的"小行星",我要对你说一声"谢谢",是你的坚毅让我们懂得了"担当"的真正含义。

编号小W——长满藤蔓的"小行星"

如果不是杂志社主编向我们再次约稿,我真的不知道已经毕业的她,竟然对那一次小小的作业记忆如此深刻。

她在主题作文《这不过是个开场》中写道:"那是我初中生活一段阴暗而焦虑的日子,成绩下滑让我无所适从,和同学的相处也一度进入冰期,我的天空布满阴霾,心头也似有万股藤蔓缠绕。"

那天,我们学习完毕淑敏的《精神的三间小屋》后,学生们开始热烈地讨论自己的精神小屋。紧接着我让他们尝试用绘画的方式勾画出自己的三间小屋,当其他同学面带笑容互相借用彩笔描绘时,她眉头紧皱,默默地掏出黑色中性笔,开始"建"自己的精神小屋。

她在作文中写道:"纠结在心头的藤蔓又一次跳出来,没有形状,没有颜色。晚自习放学后,同学们的作业都交上去了,教室里静悄悄的,只剩下了我,我坐在那里,默默地看着这一团团藤蔓组成的灰溜溜的小屋子。"

"我能到你的小屋坐坐吗?你的小屋很特别呀。"我轻轻地和她说了这样一句。

她点点头,不由自主地讲出了她的困惑,她的焦虑,她的恐惧,我一直静静地聆听，温柔地陪着她，从未打断。最后，送她回宿舍，转身的那一刻，她笑着对我说："老师，谢谢您，再见。"

作业收上来，在那堆狂野的藤蔓下，我认真地写下："如果内心住进了温暖，我们便有了足够阳光的力量；如果内心装下了天使，我们便都有了一双飞翔的翅膀。"

她在作文中写道："后来，每次看作业后面的评语成了我最美好的期待。'我们含着泪、咬着牙，竟然走了很远很远。'我们一起走过成绩和气温一样忽高忽低的冬天，'陌上花开，可缓缓归矣。'我们一起走过伴着疫情反反复复的春天，'心中开满花香，穿过暴风雨之后，你便成长了。'我们一起走过载着中考充满惊喜的夏天……"

从此之后，我经常会收到她写给我的信，去餐厅和回宿舍的路上也常常有她陪伴，在我的课上经常能听到她发自内心银铃般的笑声，在每一次班级活动中又能看到她积极组织和参与的身影……

她在作文最后写道："在文字氤氲而起的香气中，我渐渐感受到天空越来越晴朗，心头的藤蔓仍在肆意生长，但生长不再没有方向。是的，这一切不过是个开场而已，有一天，我定邀您看满园的花香。"

你就是你呀，生命力极强长满藤蔓的"小行星"，我也要对你说一声"谢谢"，是你的纯真美好让我们学会了"彼此提醒"：学会与自己言和，学会与自己做伴，哪怕只身前行，身后仿佛跟着百万雄兵。

编号小 L——睿智清醒的"小行星"

"夏老师，麻烦您有空跟他谈谈吧，他一回家就抱着手机，话也不跟我们说。我好担心他，真怕这样子下去，他会垮掉的。"他的妈妈是个脾气温柔的南方女人，每次给我打电话，哪怕是着急地求助，也是柔声软语。

"您是担心他学习会垮掉吗？"我这样问她。

"不是的呀，我担心他的身体，他那么瘦，吃得又少，再玩那么久的手机，会不会吃不消啊？"她的回答果然不出我所料。

"那您可以自己和他沟通一下试试。"我建议道。

"不行啊，他不听，我可能说得有点多，他不等我说完一句就把我关在门外了。"她开始反思。

"那您就试着改变一下，少说一点看看。等回学校我也和他聊聊，告诉他您的担心。"我说。

"谢谢您啊，老师一句话顶我们家长一百句，可是千万不要和他说我给你打电话了呀，我怕他会多想。"我也终是见识到了他心思细腻的妈妈，她总是考虑得很多，千叮咛万嘱咐，虽是好心，却难达成好意。

没有等到回学校，我直接在聊天软件上联系了他。"在吗？""在。""方便语音通话吗？""可以，老师。"然后我就接通了他的电话，我问他为什么回复信息如此及时，他诚实地说正在拿着手机玩游戏，一看我来信息就赶紧回复了。我问他是否喜欢玩游戏，他斩钉截铁地回答："不喜欢，不会沉迷，只是无聊的调剂品，放心吧。"我一听，这是一个多么睿智清醒的孩子呀，赶紧表达了自己对他的崇拜，告诉他模拟考总成绩他拿到了班级第一，我要奖励他几本书，等他再无聊的时候就可以用读书来调剂了。

后来，听他妈妈说，那天接完电话他笑着走出卧室，围着客厅走了一圈又吃了一点饭，他没有说自己拿第一的事，也没有说老师送给他书的事，但是见他很开心，她感觉很知足。

中考的最后一天只考一门英语,因此前一晚的自习,同学们已经抑制不住兴奋,有最后趁热打铁背英语单词的,也有偷偷换了座位扯家常的。而他在静静地读厚厚的《水浒传》,一页一页地认真翻看,时而微笑,时而皱眉,我没有打扰他,在心里默默地为他点了个赞,他已经学会了用读书来调剂无聊。

中考成绩发布,他的英语只扣了一分。我问他是否遗憾,他告诉我:"遗憾也是成长的一部分。"还是那颗人间清醒的"小行星"啊!我想要对你说一声"谢谢",是你的睿智让我们明白了对抗命运波澜起伏的最佳方式便是淡定从容。

编号小 X——轻舞飞扬的"小行星"

"老师,中考作文我写的你,虽然平凡,却是限量版。"她温暖地对我说。

"谢谢你让我在如此重要的考试中闪亮登场,你也是我记忆中的限量版。"我微笑着,眼前映出她在舞台上自信而灵活舞动的样子,她的每一个关节仿佛都是会跳舞的小精灵,随着节奏自由舒展,她的舞步轻扬,像是一首有韵律的诗。

刚刚认识她,就发现了她非凡的个性和能力。在我们开展"爱国主题班会系列"时,她是核心策划人,她设计活动流程,和同学协商班会环节,购买班会纪念小礼品,组织和调动一切资源,只为保障我们的主题班会能顺利进行。

她不喜欢安静地坐在自己位子上,一下课便会走出教室,去隔壁班"呼朋唤友"出来聊上三五分钟;她从来不惧怕老师,看到老师迎面走来,她会主动礼貌地问候并热心帮老师拿教具或作业;她从不会长时间计较一件事，往往上一秒还剑拔弩张地在争辩，下一秒便扮个鬼脸唱起了《大鱼》："看海天一色，听风起雨落。"……她还是我们班的文艺担当兼"台柱子"。每逢文艺会演的时候，她比任何人都忙活，因为她又要负责我们班的合唱，又要负责编排舞蹈。可是每当我问她累不累时，她总是用手比一个笑脸，然后配上自然上扬的嘴角。个性创意的合唱团在舞台正中央一鸣惊人，闪闪发光的舞者在一片尖叫声中翩然起舞，但当舞台的帷幕落下，可能没有一个人会想起这背后的策划者是谁，她究竟付出了何等艰辛。可是她却不在乎，总是微微一笑，期待下一次尽情投入的表演。

有一次，我正感冒发烧，晒着午后的阳光，竟然趴在教室门口的读书长椅上睡着了，恍恍惚惚中听到有人喊我："老师，你别再冻着了，你醒一醒吃块糖啊。"我睁开眼睛，看到微笑的她坐在我对面，沐着一身温暖的光，而我的旁边放着几块橘子味糖果，那一刻，所有的苦都因为她化成了甜。

轻舞飞扬的"小行星"呀，我要真诚地对你说声"谢谢"，谢谢你让我们看到了天赋和个性不是学校和教师一朝一夕就能培养出来的，我们能做的就是尊重、赏识、保护并发展每一个人的个性，创设和搭建更多活动的平台，让你们更好地去绽放。

回忆的小宇宙依然在不停转动：有写得一手好文的编号小 H "小行星"，有说得一嘴好相声的编号小 Y "小行星"，还有温暖沉默品学兼优的编号小 Q "小行星"，以及聪明幽默、理科完胜文科的编号小 Z "小行星"……

感谢这些一直都在的"小行星"，提醒着我继续温暖前行。

花开次第

读散文，还是喜欢汪曾祺，他在《人间草木》里写："那一年，花开得不是最好，可是还好，我遇到你；那一年，花开得好极了，好像专是为了你；那一年，花开得很迟，还好，有你。"

自然界里的每种花绽放都有自己的因果顺序，人又何尝不是？

又一届学生毕业了，我在整理和他们一起的文字、图片、视频的时候，"那些花儿"一下子盛放在我的眼前。

玫瑰花开

"哪朵玫瑰没有荆棘，最好的报复是美丽，最美的盛开是反击。别让谁去改变了你……"

他在最后一篇周记里写了两千多字，提到了"玫瑰少年"这四个字，问我是否听过这个故事和这首歌。我在回复中没有回答他的问题，只是重新抄写了他写的最感人的那句："我父亲经常对我感慨，这人啊，分别之后可能会再见一两次，可大部分人啊，却一生再也见不到第二次了。"希望我们永远是朋友，哪怕山高路远。

初识是我去他们班听课。他们那节课上的是语文综合活动课"漫步古诗苑",各小组以不同形式展示自己小组积累的古诗词。他们小组是吟唱形式,他一开口就惊艳了整个时空,他略带忧郁的清秀面庞,配上"神仙嗓音",让古诗词真真切切流淌进每个人心里。那时,我并不知道他的名字,只是对这个有着独特嗓音的男孩印象深刻。

再见时,因为他们的班主任兼语文老师喜获二宝,我被抽调,安排到他们班当班主任兼语文老师。第一次近距离看他,是因为早读他来得特别早,当时还不能将人和名对上号的我,笑着走到他身边问他叫什么。他还没来得及说,便被身后的同学抢答了。只见他微微一笑,露出两个酒窝。我也笑了:"原来是你啊,你的字写得真好看,有空的时候帮我写一份座次表可以吗?"他好像很吃惊,没有想到我像是跟他很熟悉的样子。我接着说:"我认识你啊,上次来听课,你唱的古诗词。"他更是一脸掩饰不住的惊喜:"这,您都记得?"

在后来的周记里,他写了当时的感受:"从来没有想到,一个我只能从校报上读她文字的老师,竟然满眼欣赏地看着我,这让我重新找回了自信。"

接下来,他参加班委竞选,成为我们班的班长,协助我处理班级事务。有反对的声音:"班主任温柔,班长也温柔,这个班根本压不住。"我告诉他:"坚定地做好自己,相信温柔更是一种力量。"他认真又扎实地学习,积极地参与学校各种活动,黑板报制作、"国旗下的演讲"以及"校园歌手大赛",都有他的身影。

在召开第一次家长会的时候,好多家长登台写下对孩子的期许和祝福,唯独他的父亲在黑板最显眼处写下"相信夏老师,相信孩子们"十个字,让我顿时泪目。我说给他听,他还是微微一笑:"我也相信我爸。"那一刻,我恍然明白,相信是欣赏的延续,欣赏与被欣赏,相信与被相信,都会产生无限的互动力量:相信者必有仁爱之怀,成人之美之善念;被相信者也必产生自尊之心、自信之力、向上之志。

最后的中考,他不负所望地考了我们班第一,全校第二。这是他初中三年最好的成绩,绽放在了最关键的一场考试里。我提出请他以及其他同学看电影,他说:"真好,我们又能见面了。"一如往常般温柔。这让我想起了热烈绽放的玫瑰花,红色的深情,黄色的温暖,粉色的纯真。

太阳花开

"天为什么会亮啊?"

"因为太阳日常升起啊。"

"那为什么我的世界里经常阴雨连绵,看不见太阳?"

"下雨不代表太阳不在呀,有光的地方,太阳就在。"

"老师,你的眼睛里就有光。"

"姑娘,你的心里其实藏着一颗太阳,拨开乌云就能看到了。"

"老师,为什么是'一颗',不是'一个'呢?"

"因为太阳是一颗恒星啊。"

和我对话的这个小姑娘,平时作文里最喜欢用"光"的意象。

记得第一次看她写的作文,我当真了。她写了一个朋友,是她的光,帮她照亮黑暗和深渊,帮她战胜困难和自卑,可是最后这个朋友出车祸离世,她在文章的最后写道:"为什么所有的光都是短暂地一闪而过,却长久地刺痛了我的眼睛还有心?"我装作不经意地跟她聊天,提起这篇作文,她说:"虚构的人物,消失是他最好的结局。"我为她能有这种成熟的言谈感到震惊，可还是笑着和她胡诌了一句哲理："光就是光，消失了不代表不存在。"

再后来，从她的周记里，我又读到了她给"JT"写的信，每周都写，写的都是一些日常琐事，她在絮絮叨叨中，希望"JT"快乐，希望"JT"能够给她力量。没有身世交代，也没有性别提示，但是我却从她写给"JT"的信里，读到了一个内心温暖、真实勇敢、一心向阳的小姑娘。

我知道，害怕黑的人，对光亮特别敏感；害怕冷的人，对温暖特别敏感。于是，我也陪着她在周记里给"JT"写信，每周都写，写我发现了小姑娘的可爱和独特，写我发现了小姑娘的进步与优秀，我也希望"JT"能有兴趣和我做朋友。有一次，我被班里一些杂事给整哭了，小姑娘给我写了一封信，开头便是："你一哭，我心里可难受了，就像一个渣男背叛了自己的小女友那般……"她说她愿意陪伴我，愿意倾听我，就像我陪伴她，倾听她一样，她的文字还是强行透露着"故作成熟"，信的最后署名为"JT"。

那个时候，我正在读法国作家马克·李维写的《偷影子的人》，忽然想起书中那个瘦弱的小男孩，他因为具备了能够"偷别人影子"的超能力而变得强大，他能听见人们心中不愿说出口的秘密，善良而温暖的他借助自己的超能力去帮助别人，为每一个偷来的影子找到点亮生命的光芒。我和我的小姑娘，仿佛都具备这种超能力，能看到彼此的影子，互相安慰，互相欣赏，我们没有障碍地聊爱情，聊未来，聊父母，聊人生。

再后来，她写的作文，人物变得真实，情节变得生动；她的成绩也在稳步提升，成为女孩子中数学最棒的那个。她再也不用在心里臆想一束光了，她本身就变成了一束光，迎着自己温暖且恒久的光，她微笑，她绽放，她心中的太阳花活力十足。

有太阳就有光，有光就有影。我的太阳花小姑娘，如果未来的你还会遇见阴雨天，请偶尔收敛，但绝不要低头。

每个时间段都有花儿绽放，作为园丁的我们，能做的就是相信、陪伴和守护，时间到了，花儿自然会开。

一笔故事　看见眼泪　第四辑

回望过往,总有些遗憾和眼泪跳出来"扫兴"。不完美是成长的常态,接纳遗憾,鼓起勇气重新出发是我们一生的必修课。

小红,对不起

昨天去操场参加升旗仪式,一个同事指着不远处一座在建的楼房说:"你瞧,那人胆子真大。"我循着同事手指的方向,看到凛凛寒风中,一名工人在八层楼高的位置,看似自由却非常危险地行走在脚手架上。我忽然像是被什么重击了一下子,想起满脸泪水的你,即便当时我一直说着"抱歉,我不知情",你也说着"不怪你,我就是想哭"。那一幕,深深地烙进了我的脑海里。

小红,不知现在的你在哪里,也不知你过得好不好。

那是十几年前的一个初秋,我还在一所农村中学任教,当时经过阳光分班,我抽签抽到了一班。拿到班级人员名单,粗略扫一眼,就看到一个很好记的名字。那些年起名字较为流行"涵""豪""珂"等高频字,相对大多数比较"精致"的名字,姓氏后面跟一个单字"红"就显得有些随意,我胡乱猜想,家长是不是对这孩子也不特别在意。

当然,当老师不能"以名取人",我仔仔细细地记忆了一番四十二个名字,迫不及待地等着新生入学。

因为是寄宿制学校,新生报到那天,是允许家长入校帮新生领取被褥、收拾宿舍的。在熙攘的人群中，我看到了一个安安静静却不知所措的女孩，我走过去问她是几班的，她只是摇头，抿着嘴不说话，我又问她叫什么名字，她说了两遍我才听清楚。"小红"，呀，如果没有重名的，这不就是我们班的嘛！

我赶紧核对了她的入学通知书编号，就是我们班的小红同学。我看她身后没有家长跟来，就轻轻问她，能不能自己去总务处领生活用品。她面露难色又不说话了，我拍拍她的肩膀，笑着说"没事"，紧接着安排班里早到的学生，领她去总务处，然后去宿舍帮她一把。看着她提着两个包踉踉跄跄地跟在最后，我想知道，这究竟是个怎样的孩子。

接下来的日子，她将她的安静发挥到了极致。我没有见过她笑，也没有见过她哭，也未曾见她与同学闹矛盾，也未曾听说她在宿舍里和同学欢闹，她好像一直不希望别人走近她，跟每一个人都保持着距离，并努力让自己"透明"。她也参加我组织的所有班级活动，但从不张扬，只是尽力完成任务而已；她认真完成作业，极少犯错，从不顶撞，也不会招致其他老师的"投诉"；她从不与人谈起她的家庭，我看了她的家庭成员统计表也没看出任何问题；她的测试成绩永远都是平平稳稳、不上不下；她宿舍的同学说她最爱说的几个字便是"我不想惹事"……

那是个深冬，期末考试前的一节自由复习课。眼看同学们在温暖的教室里有些慵懒，看书也提不起精神，我快步走到教室一侧，打开了窗户。刺骨的北风立刻钻进来，打盹的同学一个激灵瞬间清醒过来，纷纷问："老师，你干吗？想冻死我们吗？"我没有笑，神色凝重地指着我们学校正在封顶的一栋楼，问道："大家看那栋楼，仔细想想对于一栋楼来说,最重要的是什么?"

学生们被我问得丈二和尚摸不着头脑,纷纷皱起眉头,顺着我的目光往窗外看。

我又再次启发:"同学们想想,一栋楼的地基重要还是封顶更重要?"这时就有人抢答了:"地基更重要,打不好基础,建不好楼。"还有人说:"我认为封顶更重要,没有楼顶,就不是完整的楼。"我刚要总结我设置这个问题的本意,结果班里一个眼尖的小男孩大喊道:"快看,有个人!"我们顺着他的声音看去,看到了楼顶脚手架上的那个人,他好像穿得很单薄,佝偻着腰在高空狂烈的风中艰难地收拾着建筑工具。那一刻的风似乎异常大,他整个人都摇摇欲坠,这一幕将我们的心都提到了嗓子眼。

我想这是个绝佳的教育机会,于是转变了刚才的话题。我问:"他冷吗?他有家吗?他有孩子吗?这么冷的天,他为什么不在家里暖和呢?"

学生们出乎意料地都低下头,不作答。

忽然传来一阵低低的哭泣声,我们都将目光收回,去寻找那个哭泣的人。是小红!她用两手撑着脸,竭力掩饰着哭泣。我走过去,拍拍她的肩膀,她并没有停止,也没有抬头看我。

忽然有男生问:"这个人不会是小红她爸吧?"就是这句话让她慌忙趴在了桌子上,哭声从"嘤嘤"变成了"呜呜"。我以为,这只是她敏感的表现,或许她落泪是因为善良的她同情那个寒风中的工人,又或许同学的一句无心之语触动了她的心弦。

于是,我犯了一个令我至今难以释怀的错误。我当时确确实实是笑着说的:"别瞎说,哪能这么巧?小红别难过了,大家继续学习吧,不好好学习，长大了就得跟我们看到的这个可怜的人一样，冒着生命危险在寒风中高空作业。"

小红忽然抬起了泪脸，看着我，一字一顿地说："求求你，老师，你别再说了，这个可怜的人就是我爸爸，我很难受。"我一下子怔住了，突然不知所措。

"小红，对不起，我不知情，我不知道。"踌躇了半天，我终于鼓足勇气道歉。

"不怪你，我就是想哭。呜呜……"泪流满面的小红，哭到全身都在颤抖，真让我心疼。

之后的几天，我的课上她都不愿意抬头，我让同学通知她去办公室找我，她一直也没来。

寒假家访的时候，我特意选择了她家。我根据入校统计的家庭住址来到她家村口，给她妈妈打电话过去，却得到了"都忙，家里没有人"的回答。我又问："小红不在家吗？"她妈妈说："跟我一块打工呢，老师你不用来俺家，俺家穷得连个坐的地方都没有。""那好吧。"吃了闭门羹的我，坐在车里，竟然默默垂泪了。

出人意料，年后再开学，小红的位子空了。我赶忙给她妈妈打电话，得到的回答是："她跟着她姐姐去青岛打工了，学习也不好，上学没用。"我一下子急了："您听我说，她学习还可以，考高中、上大学都没有问题，她还那么小，打工怎么行？"她在那边叹了口气很无奈地说："老师你别管了，我们家没钱供她了，她爸爸在工地伤了腿，我又没文化挣不来钱，她弟弟小，还得上学。"我还想再说些什么，电话那头却传来嘟嘟的挂断声。

那些年，农村辍学去打工的孩子特别多，几乎每个学期都要"流失"几个学生,每空一个位子,我的心都会疼好久。

小红的离开让我特别难过,我一直没来得及好好向她道歉。首先,不管我承不承认,我对她的姓名最初就有偏见;其次,我对职业的认知局限导致了我在上课时即兴的言语错误;最后,我其实有机会面对面或者给她写封信,向她好好说声"我错了,对不起",可那时的我似乎没有足够的勇气。虽然老师也是寻常人,也会犯错,但犯一些自以为是的错却不敢承认实在是很低级。比起犯错更可怕的是,在犯错的时候还给自己戴上一个假面具,妄图让自己看起来是对的,这更是错上加错。

现在这么多年过去了,这依然是我心中的一根倒刺,一触即痛。

我知道,在学生心中,伤害可能就是一瞬间的事,很可能老师无意间的一句话,就成了压死骆驼的最后一根稻草。如果能用道歉来弥补的话,我愿意好好道歉,我想在我回忆往事时,对自己教过的孩子都不会感到负疚。

小红,对不起!

如果你能看到这些文字,希望你能原谅我,期待你与我联系。

那个挪用电费的孩子

今年的天气很不稳定,像极了人的情绪。明明初夏时分,却来一场大降温,风起萧萧,雨也潇潇,刚长出的嫩芽颤抖了,刚开放的小花也落了。

这让我忽然想起他来,心隐隐作痛。记得物理老师曾皱着眉头向我陈述:"夏老师,你不问问你们班小王同学是怎么回事,跟吸了大烟一样,浑身乏力,哈欠连天,萎靡不振。"

我怎么会没有发现呢?我只遗憾自己是一个普通人,没有"点石成金"的神力。

我不想写他,我敲下每一个字时的心情都很沉重。

可我又想写写他的故事,因为能让我们反省,孩子健康成长的最重要阵地究竟是家庭还是学校。

他的父亲,在他的周记里常常被这样记录,"满口是爱,却面目狰狞"。好的时候,就威逼利诱:"好好学习,考前五名,给你买个新手机。"等成绩一出来,翻脸却比翻书还快:"没出息,不争气,上学浪费钱,你还有什么用!"

他的母亲,是一个没有脾气、说话很慢的女人,听完她上一句,再等她说下一句需要极大耐心。

这孩子暴露出"厌学"情绪,每天都是一副睡不醒的样子,我一发现,便前往他家进行家访,才知道孩子的父亲已经出国劳务。突然逃离了一个强势的父亲,面对一个看起来懦弱,只会唠唠叨叨还忧心忡忡的母亲,难怪这孩子会"放飞自我"。

一个周天晚上,我接到了孩子母亲的电话:"夏老师,这孩子怎么办啊,他总是对我撒谎,他爸爸不在家,他谁也不怕。昨天小区物业通知我去交电费,我没腾出空,就给他钱让他去交。结果,他竟然没交,今天家里停电了,我才知道。刚才问他,他说钱没有了,问他干什么用了,他就是不说。120元啊,没交电费,你说他把钱花在哪里了呢?"等理清楚这就是一个孩子挪用了电费然后撒谎的事情,我安慰了她一番后挂断了电话。

第二天一早是我的语文早读,看到他在早读课上就昏昏欲睡,我找到了把他叫出教室的理由。

他一副无所谓的样子看着我。我问他:"怎么刚睡醒就又打盹啦?"他答:"嗯,困了。""昨晚上没睡好?""嗯。""能和我说说为什么没睡好吗?""就是睡不着,失眠了。""哦,失眠让人很不舒服,老师也常这样。"他看了我一眼:"哦。"他这种无所畏惧的表现,让我推断他在家里也曾接受过无数次"审判",所以反侦查能力很强。

"好吧,你吃早饭了吗?""吃了,老师。"他这一句"老师"显出了他身上未泯的学生气。我对他笑了笑:"你先回去上课吧。"他皱了皱眉头,转身离开了。

可是,第一节课才上了十分钟,他就在课堂上睡着了。被英语老师叫醒之后他非常不满,引发矛盾,被班长"扭送"到我的办公室。

"哟，又见面了。"我说。他还是一副皱着眉头、生无可恋的样子。

"怎么回事，这下得和我说说了。"

"打盹了，撑不住了，睡着了，英语老师让我回答问题，我不会回答，他就让我来找班主任。"

"是你不会，还是你压根没站起来回答？是因为你不会，老师让你来找我，还是你在课堂上说了什么做了什么，老师才让你来找我？"

"好，实话实说了，我没站起来，我睡着了怎么站？他明知道我不会回答还让我回答，明摆着是让我难堪。"他竟然一脸"不服气"。

"对啊，明明是你睡着了没站起来，可你却说你不会回答问题，老师故意刁难你。你仔细想想，你刚才那样说，我差点都要去找英语老师替你问明白呢！所以你需要讲实情，这样大家才都不尴尬。"

他低下头，两手开始交互搓起来。

我知道，大多数孩子说谎，都是为了避免丢脸或免于受罚。如果过于激烈地惩罚这些规避性的说谎行为，为了躲避严厉的惩罚，他们更容易选择说谎。而他，显然将说谎当成了习惯。

我接着说道："来，闲着也是闲着，帮我检查一下同学们的周末作业吧，先把你的挑出来，我看看。"他仿佛没有想到我会不批评他，瞬间醒了过来似的，积极地翻起了作业本。

他的周末作业，书写很工整，我夸赞他的字好看。他忽然一改颓废，语气激昂地说："我小学时候练过几年。""哦，原来如此，写一手好字，对一个人来说很重要，都说字如其人嘛！"我认真地看着他说。

他竟然不好意思地笑了笑，然后认真地帮我检查其他同学的作业。

我装作若无其事地说:"你早读就开始犯困,我其实很想知道为什么,于是给你妈妈打了个电话,她和我说了昨天电费的事情。我觉得你一定是有什么困难,能和我说说吗?"

他神情一下子紧张起来:"我妈和你说什么了?"

我答:"你妈妈很忙,就说了几句,说昨天因为电费骂了你几句。"

他忽然松了一口气说:"老师,你借给我50元钱吧。"

我笑着答:"借可以,但是你得说明用途以及什么时候归还,还要打借条,签字画押那种,得有法律效力的。"

他犹豫了一下:"我从妈妈那里拿了120元,然后同学借去了50,说下周还给我70。可是我和我妈妈说,她就哭着骂我,我说什么她也不信。"

我问:"$120-50=70$,还有70元下落不明,你没有交代,妈妈怎么能相信你。"

他叹了口气,看着天花板:"那70要不回来了,我网络充值买了游戏装备。"

看着他瘦弱的身体、苍白的脸、浮肿的眼袋,听着他没有温度的话语,我突然说不出什么感觉。

我无比真诚地对他说道:"谢谢你和我说了实话,我相信你,也愿意帮助你。"接着我给他讲了我之前带的那一届有个学生,陷入了网络"投资"陷阱,一开始投100元,一天就能返现到150元,一连几个周末都屡试不爽。尝到甜头之后,他将自己的压岁钱和找同学东拼西凑的3000元,一下全投进去了,结果却血本无归,连那个网站也关闭了,引他投资的人也把他拉入了黑名单。

他咬了下嘴唇，说："老师，那你的学生最后怎么办呢？"

我说："我帮了他。"

他眼里突然有了光："老师，对不起，我对你撒谎了，我没把钱借给同学，我也是听别人说这个能挣钱，就把120元钱都投上了。老师，是不是真的要不回来了？我还盼着下周能要回来呢！"

歪打正着，我没料到这才是他的实话。

我试着去拍他的肩膀，可他下意识地闪躲了。"孩子，老师很高兴，你终于对我说了实话。要知道人撒谎真的会很累，因为为了圆谎必须再撒一个又一个谎言，我觉着你这个年纪不应该承担如此大的压力。"

他抽泣起来："老师，我不管说什么，我妈都不相信我，说我和我爸一样，都喜欢撒谎骗人。我妈妈也很辛苦，从早忙到晚，我其实只是想赚点钱来证明自己。"

"你是一个好孩子。"我再次拍了他的肩膀，他这次没有躲，却疼得咧嘴，"老师，昨晚我妈拿衣服架子打我肩膀了。"

"现在还很疼吗？"我紧张地问道。

"没事，比爸爸打得轻多了。"他竟然咧嘴笑了。

我猜，一定是他看见了我眼中的泪水。他吃惊地问："老师，您怎么了？"他用了一个"您"字，之前他一直对我用"你"。

我的泪水一下子夺眶而出，他更加慌了，我说了一句："老师很心疼你啊。"他竟哇的一声大哭出来。办公室里几个同事都吓了一跳，看向我们师徒二人，我尴尬地摆了摆手。

如果他就此改变，这个故事就此结尾，该多么温馨。

可是事情并非如我所愿。后来，我和他妈妈联系了，说明了事情的来龙去脉，他的妈妈依旧半信半疑。

再后来，我尝试让他妈妈来参加我们学校的"家长沙龙"，通过学习让自己学会和孩子相处，但得到的答复永远是："抱歉，今天太忙了，过不去。"

我们看到的他，依然还是一副睡不醒的样子，并且开始逃避和我谈话。尽管我想尽办法通过家访或者谈心拉近与他的距离，也收到过他主动写给我的字迹工整的"保证书"，但是却怎么也找不回那天那个因为被爱而落泪的少年了。

有时候，我也会失眠，辗转反侧，感觉自己无能为力。一个和睦的家庭，会塑造一个温暖的孩子；一个睿智的父亲，会成就一个明理的孩子；一个温柔的母亲，会养育一个懂爱的孩子。

可惜，有些孩子，什么都没有……

一杯"可惜了"的奶茶

刚入秋,社交平台上关于"秋天第一杯奶茶"的"大秀场"就拉开了帷幕,我忽然想起两年前因为一个男孩发的一条"QQ说说"引发的一个故事。

他写道:"可惜了我的一杯奶茶,我的心和这杯奶茶一样,碎了一地。××,……"配图是一个破损的奶茶杯和洒了一地的奶茶。乍一看也没什么特殊,仔细一看,"××"好像是个姓名的首字母缩写,后面省略的文字竟然全是骂人的拼音代码!

我皱着眉头,心中五味杂陈,眼前浮现出这个男孩稚气未脱的脸,一时不能理解这个年龄段的他究竟经历了什么才会发这样一条说说。用文字表达自己的心情无可厚非,但是公然在网络上辱骂别人,这岂不是一种"网络暴力"!

我觉得有必要和男孩聊一聊。顺手一滑,看到了更不可思议的一幕,给这条"空间说说"点赞的人特别多,网名也都奇奇怪怪,诸如"因帅被判刑""深度孤独患者""你的狗崽子""二维马""傻琪玛"之流。不说网名代表什么含义和精神状态,单看那些键盘上都不容易打出的乱码符号和错别字谐音梗,就让我这语文老师极度不适。下面的评论区语言更是"火爆":"旧的不去新的不来啊,哥们。""你这是被甩了吗?果真是别人有的,你也得有啊。""骂得好!不选你是××的遗憾,让她后悔去吧!""666啊,得不到的就要毁掉,加油,小胖你最棒!"……

看到这里,我感到心头一凉,这群青少年文字里渗透的价值观震裂了我的"三观",细思极恐,原本只是一个男孩的"宣泄",却演变成了一群人的"狂欢"。显然评论区里是有人认识××的,那么这种"公开"式的你一言我一语谩骂不正是对××同学的网暴吗?是我们的"校园普法"做得还不够吗?是他们的家庭教育出了问题吗?是这复杂多变的网络社会负面的价值导向带给他们严重的冲击吗?

我觉得有必要和这个男孩聊聊了。打开和他聊天的对话框,显示他"手机在线",我单刀直入:"小张你好,看你刚发的QQ说说好像不太高兴,能和我说说是怎么回事吗?"对话框上方立刻显示他"正在输入",我耐心等了一会儿,紧接着一大串没有标点符号的文字发了过来:"老师你好我很难过我骑着电动车啊接近二十公里地呢差点热死了赶到她家楼下她一句妈妈不让下楼就让我心都碎了我使劲求她求她啊她也不下楼还故意笑话我成绩差说她要上高中考大学好像我就是癞蛤蟆想吃天鹅肉似的我太生气了就把奶茶给摔了。"我猜想他当时情绪依旧失控,所以用语音输入的文字,又懒得检查和修改,没有任何标点。

"怨不得你这么生气,每个人乘兴而去做一件事然后败兴而归都会不开心。你现在回家了吗?"我耐住性子,决定继续"共情",听听他更多真实想法。

"谢谢老师关心,我已经到家了。老师你评评理,都是同学,她为什么这么狠心，我都骑车跑了那么远的路，她一点也不感动还故意奚落我，我错了吗？我就是想给她送一杯奶茶。"很明显，他情绪稳定一些了，发给我的文字也有标点和断句了。

"你为什么要给她送一杯奶茶，而不是给别人呢？"看他开始主动剖析事件，我选择了"直接出击"。

"我们聊得很好，我和她是好朋友，她也愿意把语文笔记借给我帮我学习。"经他这一提醒，我忽然想起有次他的语文笔记竟然做得特别好，我还好好表扬了他一番。

"她是咱们班同学？你认为和她是好朋友，她也这样认为吗？另外，我比较担心，她能看到你发的空间说说吗？"我继续追问。

"她不是咱班的，她看不到我的说说，因为她把我拉黑了，你看她就是这么没良心。"他回答得很快，言语中还透着对她的愤恨。

"怪不得呢，我搜遍了脑海里咱班以及隔壁班我认识的女孩名字的缩写，也没有符合'××'的。"我说。

"老师，你不会告诉我家长吧？"他忽然来了这么一句。

"你空间说说里面最后的拼音代码是什么意思？"我没回答他的问题，继续提问。

"没什么意思，老师，别误会，那是我一气之下乱说的。"他"狡辩"。

"言论自由，也不能凌驾于法律和道德之上。我想告诉你，评论区里的一句'骂得好'就暴露了你们自以为用代码就能掩盖污言秽语的无知与可悲。你作为一个男子汉，对一个曾经帮助过你的女孩子公开辱骂，我真的看不出来你哪里把人家当过好朋友看待！"我借着他的"心虚"开始"攻心"。

好长时间不见他回复，我再去看他的空间，不出意料——你没有权限查看。或许从他说"你不会告诉我家长"那句时，就开始后悔没有屏蔽我了吧。

"小张，你应该知道'要想人不知，除非己莫为'这句老话。就算我和××都被你屏蔽了，看不见你这条说说，还是有好多人能看到。互联网是有记忆的，我们公民也是受法律保护的，如果网上诽谤或者辱骂信息被点击、浏览次数达五千次以上或者被转发次数达到五百次以上，或者造成被害人或者其近亲属精神失常、自残、自杀等严重后果，就会构成刑事犯罪，可以立案追究刑事责任。"我特地查了法律条款，继续"放大招"，同时做好了"信息发送不成功"的打算。

还好，信息成功发送，可能是他顾及我的班主任身份，暂且没有把我拉入黑名单。

"一杯奶茶，代表了温暖和甜蜜，它原本就没有什么对与错，只是你硬将它看成检验'喜欢与否，爱与不爱'的标准，所以才给你以及他人带来不必要的伤害。你认为她不下楼接受你的奶茶，让你颜面扫地，而你不断乞求让她不堪其扰拉黑了你，这又让你彻底失去了尊严，于是在网上用极端的方式让她加倍奉还，对吗？"我继续追问。

"老师，对不起，我已经删除了那条空间说说，是我太冲动了。"他终于说话了。

"你真应该道歉，不过不是对我，而是对她。其实自始至终你好像一直在误会她，她和你聊天，帮你学习，不代表她必须接受你的奶茶；她拒绝你，拉黑你，更不应该受你的公然辱骂。如果她是我的女儿，我也会这样教育她，不能随便接受他人馈赠，如果受到他人伤害，我们也会第一时间勇敢反击。"我继续表达着我想告诉他的话，义正词严。

"老师，我知道错了，我会委托她的朋友捎去我的道歉，我不会再打扰她了。"他继续说道。

"这样看，那杯摔碎了的奶茶也不可惜，至少让你懂得了些什么，不是吗？"我问。

"是的，我有些自私了，根本不是什么痴情，有点道德绑架的意思。"他答。

"对了，你说她想上高中，那你呢？"我话锋一转。

"我，谁知道呢，考不上高中就读职专吧，或者直接打工。"他说完这句话，还发了一个"害羞"的表情。

"你现在才初二，还有一年的时间可以拼，先别急着放弃自己。就算考不上高中，也只代表初中阶段不够努力，不足以否定你的整个人生。只要你愿意学习，无论在哪儿，都会有出路的，不是吗？"我知道一旦开启"学习"话题，我们的聊天就可能面临终结。

"好的，老师。"他言简意赅。

我还想对他再说一句"加油"，结果发现信息被退回，我已经不是他的好友了。

"人上一百，种种色色。"当老师近二十年，我遇见过许许多多的学生，有幸福和圆满，当然也有不足和遗憾，就像那杯可惜了的奶茶，终究还是挺可惜的。

最终，他也没有考上高中，但是最后一年他没有跟我发生任何冲突和对立。他选择去了职业中专，听说没上几天就辍学了，去了一家火锅店打工，干了一段时间后又辞职了，现在我也不知他去了哪里。

无论如何，他们都不该被打

某个早晨打开手机对话框，心一下子揪起来，只因我此时才读到她深夜发来的一条长长的信息。我自责睡得太早，又担忧她是否安好。

她表示有点坚持不下去了，无论是高中紧张的学习节奏，还是怎么都记不住的知识点，无论是她的身心亚健康，还是随时可能引爆的家庭关系，都让她有点吃不消。她的奶奶因为生病，很可能撑不到明年春天，她感觉到父母的焦虑双倍转嫁到她的身上。当她把自己关在屋里的时候，父母会误认为她在玩手机；当她刚想要为自己辩解，看到爸爸抬起的手，她便知道一切无济于事……最近她总失眠，头发掉得很严重，也失去了与别人说话的兴趣。之所以给我发信息，是她想起曾经和我在周记里的对话，每当看到我的回应，都让她充满力量。

可惜的是，这次我没有如她所愿及时回应。

事不宜迟，我以最快的速度先表达我的抱歉和担忧，并希望她如果在线可以和我通话聊一聊。可惜她并不在线，我只得仔细重读她的信息然后再小心翼翼地给她回复。

敲到"心疼"这俩字的时候，眼前忽然闪出那一幕，她倔强地擦干眼泪,迅速地笑起来,若无其事地和我说道:"习惯了,是我的错,我就该被打。"我拉过她的手,郑重地告诉她:"解决问题有好多方式,无论如何,你都不该被打。"

那是一次大考过后的休假,同学们都归心似箭,站着路队,拿着大包小包的行李走向校门口,寻找前来接应的父母。我和值日生把教室打扫干净,关好门窗和电器,一番告别之后,我终于长舒了口气,决定先喝杯水再收拾办公桌面,然后慢悠悠回家。等我喝完一杯水收拾好桌面的时候,已经距离放学近一个小时了,这时我忽然接到一个电话,是她爸爸打来的。他说车在路上有些剐蹭,此刻正在处理,她刚刚用学校传达室的电话打过电话,当时他正忙着没接,再回拨过去时,传达室的工作人员说孩子已经离开了,他希望我能去找找孩子并通知她再耐心等一会儿。

我抬眼看了看窗外,天已经有些墨色。由于不了解情况,自然也不能怪罪这"粗心大意"的家长,挂断电话后我赶紧骑上自行车去校门口找,传达室没有,值班人员说看着她向东边去了,门口东、西、南三面目及之处已没有学生,我继续往东骑行,至一处岗亭,终于看到了她。她蹲在石阶上,手里拿着一本英语词典,旁边是她的两个大书包和一个行李箱。我喊她的名字,她抬起头又惊又喜。我把她爸爸的来电内容如实转告。她想要站起来,可能因为蹲麻了腿,险些摔倒。她不好意思地笑着说:"放心吧,我从小就听话,我爸爸让我在哪里等他,等不到他我是不会走的。我猜着他可能是有事情,刚刚打电话他也没接。"

"走,我们先去吃饭吧,吃完饭你爸爸就能来了。"我停下自行车,准备帮她拿行李。她推辞不就,然后借我的手机拨通了爸爸的电话号码，通话内容很简单，大致就是问她爸爸还有多久能来，她现在已经和老师在一起了，不用担心她。我再次邀请她一起去吃晚饭，她还是很坚决地拒绝："老师，您忙了一个星期很累了，快点回家吧，我在这里等着就行，爸爸一会儿就来了。""你在这里等了一个多小时了，怎么也不知道回办公室找我！现在你得听我的，我们一起去吃饭。"我执意帮她拿行李。她忽然声音里带了哭腔："老师，我吃不下去饭，我这次考试考得一点也不好，尤其是英语考砸了。""哎呀，多大点事呢，考试就是为了检验哪里有不会的，知道不足下一步再努力就好了。走吧，我们先吃饱饭，想哭的话也有劲哭。"我故作轻松地和她开着玩笑，想拥着她一起走。

"我爸爸会生气的，他说考不好就没有资格吃饭，况且要是您请我吃饭，我猜爸爸会更生气。"她开始怯懦。

"没事，有我呢。试卷都没批出来你咋知道考不好？再说了，考不好就没资格吃饭，这是什么逻辑？还有就是我请你吃一顿饭他为什么会更生气，没有道理啊！"我继续打趣道。

"可是我爸爸一生气，就会打人。"她说完后又慌忙捂住自己的嘴巴，"呸呸呸，我在胡说八道什么，其实爸爸对我挺好的。"

眼前这个孩子，瞬间变得弱小可怜，我不知道是什么样的风如此用力，吹得我泪眼迷蒙。

正当我犹豫不决的时候，一辆车停在我们前面，摇下车窗看清楚是我们之后，她的爸爸下车和我热情地握手，然后帮她把行李搬上车，话到嘴边的我还来不及说些什么，他便迅速地道别，我也只能说声"路上慢点"，然后挥手作别。

在这之前，这个在老师眼里品学兼优的女孩从未向我袒露过心声,可如今,她却牵走了我的一颗心。

到了周一,我上完课之后,她单独上交周记本给我,希望我能先读她的。回到办公室,翻开她的周记本,赫然入目的就是一个大字"累",紧接着她写道:"我就知道迎接我的是什么,所以我自己伸出手,反正打在我身,痛在你心。"另起一段:"我哭没有用,但是我就是想哭,你们总是惹我哭,然后再让我别哭了,我做不到。"又起一段:"你们从来没有好好听过我说话,我和同学闹别扭了就说我事多,上学是用来学习的不是用来搞同学关系的,难道你们就没有同学吗?"再起一段:"做你们的孩子太累了,你们都很优秀,通过自己努力考上大学出人头地,所以希望我也能光宗耀祖,可是你们有没有尊重过我?在我面前摔碎一个杯子就会把我吓得魂飞魄散你们知道吗?"……

难以忘记那种触目惊心,因为我听到了一个孩子撕心裂肺的呐喊。思忖再三后,我给她的妈妈打了个电话,问及她在家的表现,她妈妈用"听话"两个字定义了全部,我又有意问及亲子关系,她妈妈用"挺好"阻断了话题。当时我特别想把孩子的周记拍下来发给她看,但又怕考虑不周全反而伤害了孩子,便没有那样做。

课间操的时候,我喊她来办公室,走在路上,我揽着她的肩膀,告诉她:"看了周记,很心疼。"她怔了一下,倔强地擦干眼泪,迅速地笑起来,若无其事地和我说道:"习惯了,是我的错,我就该被打。"我拉过她的手,郑重地告诉她:"解决问题有好多方式,无论如何,你都不该被打。"她半天没有说话,眼泪却像断了线的珠子,噼里啪啦掉了下来。

时隔许久,收到她的深夜消息,加上她迟迟没有回复,我的心再次悬了起来。我为我自己曾经"多一事不如少一事"的想法而感到羞耻，我决定和她的父母坦诚地聊聊。

我先说明了我打电话的原因，并问了她的情况，她的妈妈依然说："挺好的，在学习。"我接着说了她的压力，并告诉她的妈妈："学习是为了让孩子遇到更好的自己，却不是衡量一个人的唯一标尺，退一步讲，孩子学习成绩不好，顶多就是'不成才'，但是经常被误解被打骂却会让孩子连'成人'都困难。"

"没有人打骂她，别听她胡说。我们都疼她，从来没人打她，小孩不懂事乱说的，老师您别计较。"她的妈妈还是这样"欲盖弥彰"。

我实在是"忍无可忍"了，略显激动地说："其实我们应该知道，打骂可以快速而又暴力地中止孩子一次错误的行为，但这很有可能断送他们的一生。她现在是一个'打骂'的受害者，将来有可能会是一个'打骂'的传递者。在打骂中成长的孩子，没有安全感，您知道吗？她写过她做你们的孩子太累了，她听到杯子摔碎的声音便会魂飞魄散……"

"噢，家里最近事情特别多，她奶奶身体不好，她又不听话，可能有时候大人烦了对她不够好，我们会注意的，谢谢老师的提醒。"她的妈妈终于说了些听起来还算真实的话。

挂断电话，我还是有些埋怨自己不够有勇气去直面她爸爸，我手机里保存过他的号码，却从未敢拨通过。

心有些许疼痛，但还不至于麻木。

忽地想起鲁迅先生曾说过的话："中国中流的家庭，教孩子大抵只有两种方法。其一，是任其跋扈，一点也不管，骂人固可，打人亦无不可，在门内或门前是暴主，是霸王，但到外面，便如失了网的蜘蛛一般，立刻毫无能力。其二，是终日给以冷遇或呵斥，使他畏葸退缩，仿佛一个奴才，一个傀儡，然而父母却美其名曰'听话'，自以为是教育的成功，待到放他到外面来，则如暂出樊笼的小禽，他决不会飞鸣，也不会跳跃。"

希望更多家长能读到这篇文章，让我们放下那一只行将举起的手，面对我们的孩子，能弯下腰，多一点耐心和平和，多听听他们想怎么样，多问问他们为什么要这样，无论如何，他们都不该被打。

爱得适度

她说她爱他,我一点都不怀疑,因为他是她的儿子。

我支教的那一年,认识了他,一个瘦瘦矮矮的小男孩,不爱说话,也不喜欢抬眼看人。说来也真是奇妙,全校只有两个用左手写字的学生,竟然都在我们班,他便是其中之一。都说"左撇子"更聪明,另一个男孩的确如此,尽管是用左手写字,却也能写得流畅、美观;而他,写字姿势不对,还写得慢,字形模糊且难辨,只要是考试,他肯定是写不完作文的那一个。

刚教他不久,他的母亲便给我打来电话,小心翼翼地对我诉说着孩子的不幸,请求我对她的孩子不要太严苛。

他是个苦命的孩子,刚出生不久便因高烧不退进了重症监护室,病危通知书下来的时候,还在月子里的母亲一度哭得头晕目眩、双眼看不清,那时他们全家唯一的希望便是"孩子能活下来"。没想到上天眷顾他,终究还是抢救成功,虽然医生说可能会留下后遗症,但是全家人还是很庆幸。伴随着他慢慢长大,口齿不清、运动不协调、听力缺陷、永远伸不开的右手等后遗症都成了横亘在他和同龄小伙伴之间的鸿沟,他不能准确地表达自己的想法,没有办法和小朋友一起奔跑玩耍，每次都是笑着走到小朋友身边却是哭着回来……柔弱的母亲看在眼里，疼在心里，于是带着他走上了艰难而漫长的康复训练之路。

"只要我们还活着，就想看他好好活着，因为他是我的孩子，我爱他。"这是孩子母亲的原话，坚定地诉说着宁愿自己背负所有痛苦也看不得孩子受半点委屈的心情。孩子走路走不稳，双腿僵直不会打弯，她就自学了针灸和按摩，自制了矫正器材，锻炼孩子的腿部肌肉；孩子右手的大拇指内扣在拳头里，她就每天训练孩子用左手和右手的其他手指抓握、拍手、捡豆子，在其他孩子那里最简单的拿扔动作在他那里经过千万次的训练仍然做不好；孩子六岁了还口齿不清，她就每天陪着孩子做伸舌、顶舌、卷舌练习，一个简单的句子要放慢语速，反复练习数遍才能说完整；孩子听力不好，她就自学手语，一边比画一边教孩子观察口型，学会读唇语……功夫不负有心人，他终于能跑起来了，尽管跑不快；他终于能拿笔写字了，尽管是左手；他终于能上学了，能自己读书学习，尽管反应比别人慢一些……但她已经很欣慰，孩子不仅仅"活下来"，还能和正常孩子一样"好好活着"了。

听罢这位母亲的讲述，同为母亲的我由衷地佩服她的伟大，也对这个男孩心生怜悯，自然就对他多了些关注。

我手把手地教他握笔姿势，鼓励他每天坚持练字，耐心地帮他讲解上课时因记不下来笔记而落下的知识点，教他写作文，带他融入班集体……看他脸上的笑容日渐增多，成绩也越来越好，我体会到前所未有的成就感。我及时向他母亲反馈孩子的变化，她在电话那头也很激动，当听我说"这孩子将来会很了不起"的时候，她竟然泣不成声了:"从来没有一个老师这样夸过他。"

六年级快要毕业的时候,他哭着来找我,还没等我问他怎么回事,眼圈红红的他放下一封信便离开了。我当时还以为他是因为要离别而伤心,傻笑着展开他的信,不料,等读完信后我却怎么也笑不出来了。

看得出来,信是他用心写的,字迹尽量做到了清晰工整,信纸上仿佛还有泪痕。他在信中写道:"亲爱的夏老师,您好!我们快要毕业了,可能以后再也见不到您了,先说声谢谢您,再和您说说心里话。我很可能不再继续上初中了,因为我感觉自己没有能力学习初中的知识,我听说初中科目更多,知识点也更难了。现在也不知怎么了,特别讨厌我妈,她每天都盯着我的成绩,还经常拿身边的同学来和我比较。她变得我都快不认识了,她每天说得最多的话就是让我好好学习,每科考试不得低于90分,这样我才能考上好学校,将来才能有出息,可是我根本做不到啊,连上80分都感觉很困难。上次我数学考了78分,她就拿藤条抽我,要知道以前我语文、数学不及格她都从来不说什么,现在我能及格了,她反倒变本加厉了。我真的感觉学不动了,我好累呀!"

如鲠在喉的感觉袭来,我忽然发现信里的他已不再是我印象中那个瘦弱的小男孩了,他的母亲更不是那个请求我对孩子不要太严苛的她了。

我一时不知怎么回信,脑中不断地复盘这个故事,忽然心头一紧:"是不是我错了?会不会就是因为我跟他的母亲说了太多他'好的方面',甚至夸大了他的进步速度,让他的母亲产生了错觉,认为孩子已经无异于常人了,所以开始拿'更高标准'苛求他,令他产生了厌学情绪？"想到这里，我有些自责，赶紧拨通了他母亲的电话。

　　过了好久她才接电话，笑着解释自己刚才在忙着清扫猪圈，紧接着就问是不是孩子惹什么事了。我酝酿了半天，还是打算直奔主题，我对她说孩子给我写了封信，刚说到他现在感觉学习很吃力，电话那边便传来叹息声："唉……这孩子真是太对不起老师了，老师对他那么好，他还这样不识好歹。"听了这话，我感觉很不是滋味，恍然明白了孩子内心撕扯的感觉。他的存在，从来就不是因为他自己，他的表现就是为了证明其他人的价值：他能和普通孩子一样生活，说明他的父母没有白费力气付出；他学习成绩好一些，说明他知道好歹，对得起老师的良苦用心。

　　我轻轻地问："您还记得咱们第一通电话吗？您说孩子在重症监护室的时候，家人最大的愿望是希望他活下来；后来他长大一点，你们最大的愿望又是希望他好好活着；现在他已经能好好活着了，您又开始希望他学习好、出人头地了。以前是您让我对孩子不要太苛求，因为您爱他、心疼他，生怕他受委屈，现在您反倒不顾他的感受，苛求他取得他考不到的分数。这样的转变，对他来说会不会很残酷？"

　　她沉默了一会儿，似乎带些哭腔地说："谁能不爱自己的孩子啊，我以为他现在做到了以前我们都认为他做不到的，他有能力做得更好，他能从不及格到现在及格，就有能力学得更好。"听到这儿，我心情更加沉重了，不得不再次调整好语气，继续和她沟通。孩子最受不了的其实就是"极端"的父母，好的时候"极好"，讨厌的时候又"极讨厌"，其实就是因为没有尊重孩子的真实想法，没有遵循孩子的成长规律。不管什么样的孩子，他先天再有优势，也要合理地教育，如果先天就有不足，更应该懂他的需求，不该苛求。

"我懂了，老师，等他回家，我和他好好聊聊，我向他道歉。"当她说出"道歉"二字时，我的心一下子豁然开朗，她其实还是那个深爱着孩子的母亲啊。

再后来，孩子顺利地考上了初中、高中，去年我接到孩子母亲的电话，说他过了本科线，顺利地进入了一所大学。

我知道这个故事平平无奇，可每当想起这个左手写字的男孩和他的母亲，内心总忍不住波澜起伏。

她说她爱他，我深信不疑，因为她是他的母亲。但母亲的爱要适度，契合孩子成长的速度，才是母爱最合适的温度。

我们不必"最好"

"夏老师,指导老师说咱们班选的四个主持人都不大行,只能选最好的两个,这可怎么办呢?"小嘉和小菲两人匆匆跑到我眼前,愁容满面地报告。

当时已经是星期五的中午,下周一我们班就要登台主持升旗仪式了,作为文艺委员的小嘉和另一名班委成员小菲对指导老师的评价和建议,显然很是着急。

"别急,冷静,我想知道什么叫'不大行',什么样的才算是'最好的'呢?"我笑着问。

"指导老师说主持人要声音洪亮、口齿清晰,而我们班男生声音有点小,没有气势。"小嘉小声地说。

"老师,我觉得是因为时间紧张,咱班男生拿到稿子后还来不及熟悉,没有准备好。"没等我说话,小菲便快言快语道。

"有道理!你们再去和指导老师说明一下情况,督促咱班男生再加紧练习一下,争取从'不大行'练到'行',我觉得这就是'最好的'你们。"我扬起嘴角,喊出"加油",鼓励她们再去试试。

看她俩飞也似的出了办公室,又一溜烟地闪折回来,我着实吃了一惊。

"对了，夏老师，我们忘记告诉您了，我们班在升旗仪式上准备的创意节目《但愿人长久》也被否了！"小菲气喘吁吁地说。

"为什么呢？主题不是'我们的节日——国庆和中秋'吗？咱也没跑题啊。"我这回没有笑，端起水杯，感觉烫手，又放下。

"指导老师说，这么短的时间，我们很难排练好，万一搞砸了，还不如按部就班找个同学进行国旗下演讲更保险。"小嘉说完就咬住了下嘴唇，我知道她是在极力掩饰自己的失落。星期四的下午，我们班才拿到下周升旗仪式的主题，文艺委员小嘉便积极负责起筹备工作，从主持人选拔到主持稿撰写再到主持流程安排，她带领着几个好朋友一直在为这事忙前忙后。我还记得星期四晚自习前，他们几个主持人来向我汇报他们的想法，他们打算集体朗诵赞美祖国的诗歌并歌舞演绎《水调歌头》，来代替常规的"国旗下演讲"。他们的理由是：国旗下演讲只是一个学生代表在展示，而我们的诗歌朗诵和歌舞表演是全班同学都参与，是向全校展示我们班级的整体风貌。我忽然明白了，他们之所以选择四名同学当主持人，也是想给班里更多同学走到台前展示自己的机会。我当然是全力赞许和支持的，因为我认为青年人就应该有股闯劲，将自己天马行空的思维潜力发挥到极致，不断地推陈出新，哪怕会挑战权威。

我还记得他们得到我的赞许之后，继而用我的电脑打印主持稿，为了与"愿以吾辈之青春，捍卫盛世之中华"这一句对仗，大家不断地创新仿句，推敲琢磨了好久，才商定出"愿以青年之寸心，闪耀华夏之山河"。看到我微笑着竖起大拇指，他们几个也欢喜得满脸红霞飞。

而现在，他们自认为不错的创意受到了质疑，他们很难过。

"我能体会你们的心情，但也能理解指导老师的担忧，毕竟升旗仪式是全校的集体活动，并且是一种非常庄重严肃的仪式，并不同于我们在班级里搞一次随意的表演，万一搞砸了，影响的确不好。"我皱着眉头很严肃地说道，又端起水杯，喝了一口，烫嘴。

"可是，老师，我们升国旗、奏唱国歌、面向国旗行注目礼等这一切庄重肃穆的重要流程都保留了啊，我们只是想用歌舞表演的形式演绎一首有关中秋节的古诗词，我们也是想传承优秀的中华传统文化，我们会尽最大努力好好练习，展示我们班独特且优秀的一面。"逻辑思维和辩论能力俱佳的小菲有条不紊地对我娓娓道来。

"你说得特别好，把这些话讲给指导老师听，我相信她会和我一样支持你们！"我坚定地冲他们点点头，拿起水杯，试着抿了一口，嘿，就这么一小会儿工夫，水不烫了。

果然，他们再次向我奔来，脸上都挂着灿烂的笑容。那是星期五的午饭后，他们激动地拦住我，七嘴八舌道："夏老师，指导老师同意我们的创意了！我们班终于被肯定了！"

我由衷地为他们感到高兴，他们有着当代青少年充满活力又不惧风雨的样子，而他们又代表着中国未来的样子。

周五下午放学离校前，几个主持人凑在一起又对了一遍流程，然后小菲跑到讲台前委托我给同学们下通知：利用周末时间好好练唱《但愿人长久》。我冲她微笑，请她上讲台，把讲台交给她，示意她亲自下通知。她笑了笑，自信地对着全班同学说道："下周一轮到我们班主持升旗仪式，流程昨天已经和大家说了，希望大家周末回家好好练习《但愿人长久》，把歌词背过，把调唱准。"这时，忽然从角落冒出个调皮的男声:"不唱不行吗?滥竽充数行不行?"我用班主任独有的眼神扫视了教室一圈,便平息了一些想趁乱打诨的声音。小菲继续说道:"这是我们三班最好的展示机会,相信我们班每个人都会尽自己最大的努力,相信结局不会辜负每一个不放弃的人!"

掌声四起,原来我们班里每一个人都没想过放弃。

周末的时候,我看到小嘉在班级群里分享音乐链接,再次拜托大家练唱歌曲;我收到了小盈和小馨发来的舞蹈视频,她俩用很短的时间,自编舞蹈动作,不断排练直到步调一致;我还收到了小菲和小成发来的"求助信息",他们在家练习主持词,想要脱稿,却又担心自己出错,问我是如何做到站在台上侃侃而谈的。

我给他俩回复:作家林清玄说过,当你与他人打交道感到自卑和不自在的时候,就默念五字咒语"大家都是人"。大家都是人,这五个字包含了"人都是不完美的"意思,如果我们能认识到自己是不完美的,别人也是不完美的,内心就会更平和。

小成道了"谢谢",小菲还不断地发来信息,担忧自己的普通话不标准,自己没学过专业主持,万一说错了词怎么办……我才发现那个曾经冲在最前面坚持为班级争取机会,无所畏惧极力打破他人质疑的女孩,忽然开始了严重的自我质疑。显然,"自我质疑"比"他人质疑"要致命得多,因为源于她心底的力量忽然神奇般蒸发掉了,只剩下她曾经极力掩饰的那些妄自菲薄在疯狂作祟。

我尝试着先用"鸡汤"安慰她:"虽然我们没有学过播音主持,但我们尽力读准字音,流畅地用普通话讲述,表达出自己想要表达的就可以了。人不需要证明自己是全能的,也没必要非做到别人口中的'最好',只要做到自己问心无愧就行了。"

然后，我用专业的态度引领："在成长的路上，守住自己的积极能量很重要，否定自己，有时是鞭策，可大多时候不能让我们做得更好，反而会让我们沮丧、无助，以至于再也不敢去尝试走出自己的消极场域。"

紧接着，我用前辈的例子旁敲侧击："孔子游说四方，周游列国；诸葛亮舌战群儒，决胜千里；毛主席激扬文字，指点江山；周总理求同存异，刚柔并济……他们都不是靠'普通话好'，要知道在绝对的真诚面前，一切技巧都是徒劳。"

最后，我用最直白的语言夸赞她："要相信，你站在台上的那一刻，已经超过了许许多多不敢迈出第一步的同学，大家愿意听你说话，大家愿意欣赏我们班的创意。你说，结局不会辜负每一个不放弃的人，我真的很佩服你。在你身上，我看到了坚持的意义，也看到了你们这一代人不服输的美好样子！"

"夏老师，谢谢您，您是我心中最好的老师！"她给我发来微笑的表情，一个接一个，最后连成一串。

"我们不必时时处处都要'最好'，成功固然最好，失败也不算最差，如果成功有捷径，那一定是早经历失败，多经历失败。"我反复斟酌着这些文字，然后发给她。

"收到！我懂了，谢谢我心中最好的夏老师。"她发来一个敬礼的表情。

或许遗憾才是人生常态，一阵风一场雨就改变了所有的计划。因为周日全天和周一的早晨，一直是秋雨绵绵无绝，学校的升旗仪式因此被取消了。当我收到这个消息并宣布的时候，我心疼地看向为了准备这次升旗仪式而全心付出的小嘉、小菲、小成、小盈和小馨他们几个，我小心翼翼地观察班里每一个人的表情，他们大都低着头，沉默不语。

我决定打破宁静："同学们，我能体会大家此刻的感受，我和你们一样，心中有无法言说的遗憾。如果不下雨就好了，如果我们能登台展示就好了……但人生就是这样，所谓'好'哪有什么明确的定义，接纳不完美或许也是'好'。正是有痛心的遗憾，才令人记忆更深刻，才会有对未来不遗憾的期待。我想和大家说，再残酷的结局也蕴含了崭新的开始，不完美的人间依然值得我们去爱。团委负责人告诉我，我们班获得了和国旗合影的机会，全校只选一个班级代表，由专门的摄影人员给拍摄，这样来看，咱班十分幸运，不是吗？"

班里一个叫艺格的女孩，抬起头笑着看向我，轻轻地说道："万物皆有裂痕，那便是光照进来的地方。"

孩童之道

今天读到了泰戈尔的一首诗《孩童之道》，开头便揪住了我的心。他说："只要孩子愿意，他此刻便可飞上天去。他所以不离开我们，并不是没有缘故。"

是呀，这世间的孩子都是奔着父母来的，如果不是父母驱赶他们，他们才不舍得离开呢。

忽然联想到最近网上报道的许多"青少年失踪"案例，有的孩子至今下落不明；有的孩子被找到时已经不幸遇难；还有几例单纯就是孩子"用离家出走来对抗家长"，警察询问出的理由是"家长给的压力太大了"。然而许多"键盘侠"表示家长绝对不能"背这个锅"，振振有词道："我们小时候都是被父母绑在树上用皮带打着长大的，现在的小孩多说两句都不行，动不动就抑郁，还学会离家出走了，其实就是打轻了。""以牙还牙"这种逻辑只能导致越来越多家长不知道反省，就因为自己曾经淋过雨，便也要撕破别人的伞。然而，他们忘记了，那人并不是别人，那是和自己血脉相连的孩子。

《孩童之道》这首诗里接着写道："孩子知道各式各样的聪明话，虽然世间的人很少懂得这些话的意义。他所以永不想说，并不是没有缘故，他所要做的一件事，就是学习从妈妈的嘴唇里说出来的话。"

　　这又让我想起前些日子一个孩子发到班级群里的信息："今天的语文课，打扰大家上课了，挺不好意思的。因为我在弹幕上说了些话，让我妈看到了特别生气，就和我大吵一架，甚至打起来了。结果忘记关麦克风，打扰大家了，家事而已，没多大事。对不起啦！"这条道歉信息的字里行间都透着谦逊和诚意，让人很难想象就是这个孩子刚刚还和妈妈从动嘴吵架上升到了动手打架。因为疫情，我们开启线上网课模式，那节课是我上，我早早就发起了在线课堂，要求同学们全部打开摄像头，需要回答问题的时候就开麦，回答完问题之后，再主动静音。课上到一半，我让同学们保持安静思考问题，忽然就听到了清晰的责怪声："你在胡说什么？老师让思考问题你胡说八道什么？""我胡说什么了？""你自己胡说什么你不知道？"接着就是凳子擦着地板的杂乱声。没错，是一个比孩子听课还认真的家长终于忍不住怒火爆发了，可是他们忘记关掉麦克风，所以他们的对话就被全程直播了。

　　直播风波过后，我及时给孩子妈妈打去电话，她虽然平静了许多，但一提起孩子还是很"心塞"："这孩子，怎么说都不听，好好说不行，说多了也不行，我已经被他气得浑身是病了，除了揍一顿，真不知道该怎么办。"我只得共情，给她宽心，孩子妈妈的情绪慢慢平复下来："上课的时候也真是抱歉，忘了关麦克风打扰大家了。"孩子妈妈的这句道歉，跟孩子发在群里的消息，真的是如出一辙。

　　"过去的事只能被理解，而无法被修改，你批评了也打了，我记得不久前你们刚发生过一次冲突，怎么很快又来这么一场？"我继续和孩子妈妈交流。"打一次他至少能老实两天。"孩子妈妈紧跟着说。

我继续追问:"然后呢?你有没有发现,以前能管一星期,而现在只能管两天了?""是呀,他越来越不听话了,我实在不知道该咋办了。"孩子妈妈长叹一口气。

我也叹口气,掏心窝子地和她聊了起来:"有没有想过,咱大人也有些做得不恰当的地方,有时候孩子可能不是因为一句话而难过,而是我们说这句话时的语气和表情。有次我女儿不小心将一杯水洒在床上,我说了一句'你怎么不小心一点?'她就很难过,再和她说话她都不理我。等我们都平静下来的时候,我和她聊天,问她为什么生我气,她说我当时的语气和表情都在表达内心的埋怨和嫌恶,让她很不舒服。她不小心洒了水,需要的是帮忙和安慰,而不是质问和打击。我向她请教我该怎么说,她笑着说,如果不会说最好不要说话,只需笑着拿卷纸递给她,她就不会那么伤心了。现在的孩子确实比咱情感丰富,也懂得更多,不是吗?"

"是啊,现在小孩比咱能。但是你家孩子听话,我家这个不行,从三年级我就看出他不听话了,我实在是不知道怎么办了。"孩子妈妈又是长叹一声。

"别忙着拿自己孩子和别人比,咱改变不了别人,改变自己总可以。尤其是在孩子犯错时,得想想选择用什么沟通方式会更有效。比如刚刚你质问他'胡说'的时候,你还记得自己是什么语气和表情吗?"

"我还能有什么好语气和表情,提醒好几回了,他还不改。"电话那头的妈妈还是"恨铁不成钢"的语气。

"是呀,所以也别怪孩子会和我们争吵,毕竟孩子正在上课,而你语气中透露着想要争吵的味道,孩子鼻子可灵了,一闻便知。其实上次你们打架的时候，你把他的脸抓破了，他拍了图发给我，说了很多负气的话。我当时和孩子爸爸聊了，让他好好劝劝你，这么大孩子了，咱最好不要再动手。

"其实我们上课经常会提醒孩子不要说与课堂无关的话题，有些孩子提醒一次根本不管用，那我们就想办法多次提醒，直到提醒到他都不好意思再让我们提醒为止，这也是老师的课堂职责所在。言传身教是个长期潜移默化的过程，尤其'言传'更是需要多次重复，才能形成'条件反射'。有您这么通情达理的家长，我相信您家孩子也差不了。您别再总觉得自己孩子不好了，他还是有很多优点的。"我继续开导她。

"好吧，我慢慢改改自己的脾气，我其实也知道这样不好，但总是控制不住。"这位妈妈开始反思。

"是的，你家孩子也是这样想的，他其实也知道上课乱讲话不好，但总是控制不住。"我有点"冒昧"地说了实话。

"是啊，看来我真得赶紧改了。"孩子的妈妈终于意识到她的改正需要从"慢慢"到"赶紧"。

挂了电话后，我打开和孩子的对话框，还没对他说什么，他就给我发来了信息："老师，我听到您和她打电话了，您不知道她说话有多难听，除了指责我就是骂我。她说是被我气病的就算是吧，她打我其实我并没有还手，谁让她是我妈呢。每个人都会偏向自己，都会觉得是对方的错，但这次我知道我有错。此刻我安静地坐着，其实心里有一场海啸。"孩子的这番话，多么像泰戈尔《孩童之道》诗中所言："孩子有成堆的黄金和珠子，但他来到这个世界上来，却像一个乞丐。他所以这样假装了来，并不是没有缘故。这个可爱的小小的裸着身体的乞丐，所以假装着完全无助的样子，便是想要乞求妈妈的爱的财富。"

我给他回复消息，希望他能与妈妈和解，和妈妈一起改变。他回复了一个调皮的表情给我。这又恰恰印证了泰戈尔诗的最后一小节："孩子永不知道如何哭泣。他所住的是完全的乐土。他所以要流泪，并不是没有缘故。虽然他用了可爱的脸上的微笑，引逗得他妈妈的热切的心向着他，然而他的因为细故而发的小小的哭声，却编成了怜与爱的双重约束的带子。"

孩童之道，便是用自己的方式证明自己的存在，教会大人如何去爱、去成全。毕竟这个世界上，真正优秀的人凤毛麟角，特别差的也难得一遇，孩子没有什么严格意义上的好坏，我们当家长的都应该用一颗平常心对待孩子，常用自律眼光审视自己，等自己能做到"身教"的时候，或许"言传"就自然而然了，因为孩子都能看得见。

教育合伙人，请听我说

都说家长和老师是"合伙人"关系，既然是合作伙伴，那么事关教育，我们都有责任。下面，我先讲几个真实的故事。

伤痕累累

下了晚自习，教室里的学生陆续离开。我送路队至寝室后，返回教室查看电器是否关闭时，发现教室里竟然还剩下一个女孩。我想催她赶紧回寝室洗漱、睡觉，走到她身边却突然不想打扰到她，只见她埋着头，不断地演算着一道数学题，看起来步骤挺复杂，她面前是写得密密麻麻的演草纸。也不知是不是其他同学临走时把其他灯都关了，留给她的只有一盏灯，发着暗淡的光，我想为她再打开一盏，又生怕突然的走动会吓到全神贯注的她。于是我轻轻地挪动脚步，离她稍远了一些，然后打开了手机上的手电筒，闪亮并不刺眼的光让她回头看向了我："老师，您怎么又回来了？"

"小雨，我正想问你，你怎么还在教室？"我笑着说。

"还差这一道题就完成今天的作业了，我相信我能很快解出来，没想到竟然拖了这么久。"她不好意思起来。

"我陪着你，等会儿我还要值班查寝室。"我继续说道。

然而，出乎我意料，她突然哭起来，双手交叉护住了肚子，肩膀也随着抽泣声颤抖。

"怎么了？肚子疼吗？"我着急地走向她，扶住她。

"老师，我太笨了，数学太差了，永远都学不会，我……根本考不上高中，也上不了……大学，我……我感觉自己就是个……废物。"她越说越激动，情绪彻底失控。

"谁说你考不上的？这才刚七年级下学期呢，路还很长，别人这样说是因为他们不了解你，而你如果也这样认为，就是对自己不负责任。"我轻轻拍着她的肩膀说道。

"这是我父母天天挂在嘴边的话。现在每周回家都要和他们闹点不愉快，他们真的让我很窒息。我知道我不优秀，学习也不好，可是我在学习的时候，他们偏认为我没在学习，还把我手机摔了，又怀疑我偷玩他们的手机，动不动对我冷暴力，我真的受不了他们了。"她说这些话的时候，忽然不哭了，眼睛里露出愤愤的光。

我不想再加深她的怨念，赶紧岔开话题："我初中的时候，数学就是不开窍，上了高中才慢慢懂了一点。我后来总结，数学需要课上认真听，课下多做题，不懂就多问老师和同学，早晚能把成绩提上去的。"

"老师，我们走吧，一会儿该打熄灯铃了。"她边说边合上了数学练习册，并往上捋起袖子开始收拾桌面。天哪！她的手腕上方小臂部分横七竖八的刀痕刚刚结痂，像一条条暗红的丝线交织在一起，冲进我的眼帘，刺激着我的神经。"这是……你自己伤的？"我皱着眉头严肃地问她。她赶紧扯下袖子，噘起嘴装作满不在乎地说道："不小心划到而已，我本来就不好看，我只想更难看一点，我也不喜欢自己，和我爸妈一样讨厌我自己。"

触目又惊心！我忽然不知道怎么安慰她才好，只是揽住她的肩膀："先回寝室好好睡一觉吧，明天我再和你好好聊聊。要记得，这个世界可能会有千疮百孔，但是总有些坚强的女孩在缝缝补补，相信你就是坚强的女孩。"她看着我，笑了笑。

查完寝室，我拿出手机开始翻通讯录。之前读小雨的周记，就发现她和妈妈冲突很大，于是我拨通了她爸爸的电话。听我说明她现在的情况后，她爸爸反复重复："哦，知道了。""这孩子，我们也管不了。""她听你的，拜托老师给教育教育。"接下来无论我再说什么，电话那头只剩下叹息声。挂断电话，走在初夏轻轻柔柔的夜风里，我的心情却异常沉重。

忽然想起班里一个可爱的女孩曾不解地问我："老师，你说小雨为何总在宿舍说她父母不好呢？有爸爸有妈妈不是挺好吗？那些没爸或者没妈的孩子不是更可怜吗？"

有些时候，或许就是因为"有"，才不懂珍惜，才觉得"有"比"没有"更可怜吧。

粗框眼镜

"眼保健操开始……"中午第三节课后，伴随着音乐，同学们都闭上眼睛，开始做眼保健操。

"老师，她戴着眼镜做眼保健操，要不要扣分？"常规检查员问我。

循着他手指的方向，我看到小云同学戴着眼镜，闭着眼，手指伸进眼镜片下做着眼保健操。我轻轻碰了一下她的手,还是感觉她被吓了一跳。她慌忙睁开眼睛:"怎么了?"我笑着看她:"摘下眼镜再做眼保健操,这样会比较放松。"

"为什么?我又不是没做。"她脸上有些不悦的表情。

"没人说你不做,你戴着眼镜怎么能做好眼保健操呢?"我轻声解释。尽管我们声音不大,可是对话内容却被同学们听得一清二楚,有几个同学笑了起来。

"我一直是戴着眼镜做眼保健操啊,以前怎么没有人说这样做不好呢?"很显然,她在几个同学的笑声中有些恼羞成怒了,我也开始反思:是呀,一个学期都快结束了,我为什么从未发现她是戴着眼镜做眼保健操呢?

"好的,你先这样做吧,等眼保健操结束,你来办公室一趟,我们好好聊聊。"我不想扩大事态,让一个女孩子在众人面前出糗不是我处理这件事情的本意。

她撇了撇嘴,没有点头也不再说话,继续将两手食指伸进眼镜里"潦草"地做着"轮刮眼眶"的动作。

"老师,我来了,随便您批评吧。"她来到办公室的第一句话便带着"火药味"。

"谁说我要批评你呢?我只是想告诉你,我很抱歉,我真的从来没注意到你是戴着眼镜做眼保健操的。如果早发现了我会早提醒你,眼保健操是放松眼睛、保护眼睛的,你戴着眼镜总归是起不到应有的效果。"我很坦诚地对她说道。

"我近视很多年了,做眼保健操也没用了。"小小年纪的她,故作老成的表情很耐人寻味。

"多少年啊？你今年不过十三岁而已。如果有些事情不可避免地发生了，即便无法修复，那我们也可以尽自己的最大努力维持现状，这也叫'及时止损'。听过《亡羊补牢》的故事吗？'为时未晚'大概说的就是这个道理。"我认真地看着她。

可她态度很坚决："我就是不想摘眼镜。"

"为什么？你觉得摘下眼镜会影响你的颜值吗？"我想开个玩笑，缓和一下气氛。

"我就是不想摘眼镜。"她再次重复，语气加重。

我一时没接上话，笑容尬在脸上，她说罢就突然保持了沉默。

我仔细地端详她，她根本不和我对视，低着头，眼神飘忽。她的眼镜是黑色的镜架，粗框，镜片略厚，盖住了她原本清秀的大半张脸。我的心忽然就隐隐疼起来，她其实是很在意自己样貌的，想起她上次情绪崩溃，就是因为有几个男孩偷看了她的证件照然后评论了一番，她大声对那几个男孩吼道："你们有什么资格去评论我！我爸妈从来都没说过我！"几个男孩被她的呵斥惊呆了，他们大概也和我一样，从未想过平日里文静的她竟然能爆发出如此大的"能量"。

后来我也联系了她家长，他们给我的反馈是："这孩子变得太让我们难以接受了，以前不用多说，现在不让多说。"不知道难以接受孩子巨大改变的父母，有没有反思过孩子改变的原因，这"不用多说"到底是不敢说还是不关心，到底是溺爱多一点还是忽略多一点呢？

想到这里，我退了一步："对不起，我可能说得有点多了，你既然想戴着眼镜做眼保健操就戴着吧，这也算你的自由。"

"哦，谢谢老师，老师再见！"她好像是长舒了一口气，但是转身离开的时候,依然低着头,脚步并不轻松。

长刘海

我不记得她是什么时候换了这个发型,刘海都快要遮住她的眼睛了。

一次听写时,我观察到她每低一次头都要用手弄一下刘海,长长的刘海随着她时而低头又抬头而不断地耷拉下来又聚拢,而她已然习惯了。我走过去,看着她满纸的错别字,不禁陷入了沉思。

翻阅了好多心理案例,才知道这长长的刘海已经超出发型的范畴,已经是心理问题的投射了。排除掉"从众心理"和"特立独行"的青春期特点,性格内向、懒于社交、逃避现实的孩子往往会用长长的刘海遮住自己的额头甚至眼睛,他们不想也不愿意直视别人,眼神里有时会透露"一无是处"的自卑,有时却又是"不可一世"的自负,更多时候是"无欲无求"的无奈与反叛。

我邀请女孩来教室外单独聊聊,她不爱说话,但挺爱笑。

"你喜欢长发还是短发?"我先问她。

"都行。"她的回答果然不出我所料。

"你喜欢什么颜色的发卡?我想送你一个发卡,不知道你喜欢什么颜色?"我继续笑着和她对话。

"老师为什么要送我发卡?"她忽然抬起头,顺手抚弄了一下长刘海。

"因为我觉得像你这么可爱的小姑娘,再别一个好看的发卡会更精神,更好看。"我故作轻松地说道。

"老师是嫌我刘海太长了对吧?你们大人怎么都喜欢拐弯抹角说

话？我妈比你更直接一点,说我留着刘海不好看,逼着我剪短,我偏不剪短。"她这番回答着实让我意想不到。

"好吧,我实话实说,我不是拐弯抹角,而是真的想送你个发卡。听写的时候我发现你总需要用手弄刘海,心思被分散,学习可能会受影响。其实我认为头发不一定要剪短,我们可以用发卡归拢一下。"我顺着她的话继续说。

"老师,我自己买发卡吧,您不用破费了。"她语气缓和了一些。

"那好吧,自己选的才是最喜欢的。"我笑着说完,示意她回教室。

紧接着,我给她的妈妈打去电话,说起她"长刘海"这个小细节,没想到一下子引发了她妈妈的"长篇否定":"她就弄这行!难看死了!""一点也不听话,让她剪了去就不听!""你看××,人家头发多利索,学习也好!"……

我耐心地听完她的倾诉,终于听到她说:"夏老师,你有什么好法吗?"我回了一句:"你多点微笑,少点说教,或许会好一些。"她回复:"我说得不多啊,我哪有和她说话的机会呀!"

如果我猜得没错,女孩一定是把自己关在屋子里,耳朵里塞上耳机,播放着自己爱听的音乐。我也终于懂了,那女孩为何会将刘海越留越长,因为那可以一定程度上阻挡视线,在她心里形成"与外部隔绝"的假象,好像一层盾牌保护着她,至少她自己以为看不到别人,别人自然也看不见她了。说白了,这种逃避现实的心理,无异于"掩耳盗铃",可是这就是她的"最佳选择"啊。

教育是一场漫长的修行,有坦途亦有坎坷。遇到问题时,家长和老师都不应视而不见或者强化问题，更不能转嫁问题，苛责和埋怨孩子只会把孩子向反面越推越远。倘若每位家长和老师都积极地提升自己的教育理念，提供情绪价值，引领孩子直面问题、分析问题并寻找恰当的方式解决问题，那么我们的孩子就会更幸福、更温和、更善解人意。

我时常反思，还能有什么更好的办法，哪怕多让一颗心免于受伤，哪怕让那个女孩胳膊上少一道伤痕，那戴着黑色粗框眼镜的女孩少一些执拗，那留着长刘海的女孩少一些逃避……

可惜，很多时候，面对甩手和推卸责任的"教育合伙人"，我也只能无奈地摇摇头："我，也无能为力。"

一笔诗意　看见花开

第五辑

每朵花都有其独特的生长节律和生命轨迹，一朵花就是一个小世界，它们沉默不语，却努力诠释着生命的真谛和魅力。守望花开，不必急于求成，在守望中扶持，在陪伴中坚持，欣赏每一朵花生长的过程，直到花开满园……

心里有一朵花的小种子

读书真的是一件功德无量的事，我只是读了一本叫《种下一间教室》的书，然后将最有感触的一段故事分享给班里的学生，没想到引起了孩子们积极的回馈，有学生回家分享给了家长，家长又进行了反思，写到了我们的"亲子书信"里。

这个故事一下子就活起来了，每一个情节都在现实生活中得到了印证。孩子和家长，还有我，都变成了一颗心里藏着一朵花的小种子。

书中的故事本来是这样的：小种子一开始太小了，根本引不起别人的注意，等它长大，变为一株很高的植物，积蓄很久的力量支撑它开出很大的花，大家没有见过这样大的花，都惊呆了，它终于成了奇迹一样的存在。

我将故事梗概讲给学生并引领学生开始讨论：为什么最小的种子能开出这么大的花来呢？

有学生说："因为它本来就是一朵大花的种子啊，就像原本就是天鹅的丑小鸭，它们本来就是这样的。"

有学生说："因为它没有轻视自己，也没有在意他人的看法，它只是做它自己而已。"

有学生说:"因为它一直没有放弃自己,它始终知道在它的心里藏着一朵属于自己能开出来的花。"

我又追问:"这个小故事带给你什么启示呢?"

学生更是有话可说,纷纷举手抢答。

欣语说:"我感觉我就是那颗小种子,到现在还是不起眼,不过我不会放弃的,早晚我也能开出令人惊讶的花。"

玉鑫说:"学会在别人的冷眼嘲讽里保持清醒。我想起以前读的一句话,走得慢才听到流言蜚语,跑起来就只剩下风声了。"

广露也笑着说:"不管我生来是什么样子,我只相信努力生长就是我最好的样子。"

宇博快言快语地站起来说:"我想给大家临场写首诗,大家都是一颗不一般的种子,虽然小,却不一般,相聚一刻互相鼓舞,最终开出一朵叫'不一般'的花儿。"掌声四起,大家都懂,因为我们的班名就叫"一班不一般"。

听着孩子们一句句富有童趣哲理和诗意的话,我的心灵也深受滋养。我鼓着掌,轻轻柔柔地对大家说:"真开心,因我的一点分享而引起大家的共鸣。此刻我也是一颗小种子,和大家一起静静地生长,不自卑,不自弃,因为我的心里有一朵很大很大的花,我相信半年后的中考,它就会惊艳绽放。"

我们的故事后续情节是这样的:好多孩子主动把自己视为"生命"的手机和平板,上交给家长,并请家长监督,因为这些东西耗费掉了他们太多太多昂贵的时光;听到这个故事的家长忽然感觉到了孩子的成长,也不再拿"别人家的孩子"攀比或者横眉冷对"唯成绩论",而是换作更温暖而深沉的陪伴,他们在"亲子书信"里坦言,不盯着孩子了,自己的心情也变得十分好,家庭氛围也和谐了很多;昔日让我抓狂的班级繁杂事务,如今也已被我规整得井井有条,我心中充满明亮和希望,变得更自信,我们班也变得团结向上,我们彼此勉励,结局由自己书写,我们都要开出理想的花。

陶行知先生说过"生活即教育",是啊,生活里原来藏着这么多教育的细节和机会。读书也是一种生活,分享读书的感受也能对生活、对教育起到指导和推进作用。

忽然有一天,我们班黑板靠近读书角的一侧最显眼的地方不知被谁画上了一朵花并配了八个字:"生活不止,读书不止。"我欣然加上一句:"日月无休,成长无止。"

愿我们都从一颗小种子开始,然后开出一个春夏秋冬四季都有花儿的故事……

和一朵花相遇

> 假如你爱上了一朵花,这朵花生长在亿万星球里的一颗,那么在夜间,你仰望星空就会感到开心幸福,因为你知道你的花就在那儿。
>
> ——《小王子》

一根网线,一块显示屏,正值青春期的少年就这样因为疫情被困于家里,日复一日上着网课。很长一段时间,少年们努力保持每天状态"在线",按时上课、积极互动、准时提交作业……然而,某个瞬间,他们突然就觉得无味了。家长不定时地翻看手机、侦查聊天记录,老师每天用心良苦地催各种表格、截图,他们也早已习以为常,还有那些苦口婆心的话语,也只像风吹过耳旁……那些殚精竭虑又容易焦虑的大人,总是缥缈在云端,离少年很近,又很遥远。

少年们多么像圣-埃克絮佩里笔下那个孤独的小王子啊!小王子生活在那一颗比自己大一点点的星球上,习惯了疯长的猴面包树,习惯了两座活火山和一座死火山,他渐渐没了快乐,唯一的消遣就是一天看44次日出和日落。可是忽然有一天,风吹来了一粒种子,小王子欣喜万分,精心培育,看它开出了世上最美的花。从此小王子不再孤单，他的心总是被填得满满的，那朵玫瑰，是从天而降的礼物。

尽管后来因为玫瑰的傲慢，小王子"出走"，可当他走访许多星球，经历很多诱惑之后，他最终还是选择离开小狐狸，回到那朵独一无二的玫瑰身边。因为在那朵花那里，小王子付诸心血、蓄满心事，他的星星之所以美丽，是因为那朵对他而言不寻常的玫瑰花。

我喜欢《小王子》这本书，也很认同作者的观点，少年的心里总是充满梦想、追求温情、盼望奇迹的。上了一个多月寂寞的网课，和美好的春天只能隔窗而望，他们怎会不迷茫？

我决定引领少年们重温《小王子》，去和一朵花相遇，去找到自己可以安放情感的一隅。所以，我给"久在樊笼里"的同学们布置了一项美好的作业，希望他们能"复得返自然"，与自然界的一朵花相遇，写出少年和花儿的故事……

于是，某天的直播群里，突然叮的一声，看去，是我配着金黄色油菜花图的一段文字："陌上花开，可缓缓归矣。总有一朵花在那里开着，不悲不喜，不卑不亢，不忧不惧。去找寻吧，同学们，去找那朵可以写满你心事的花，像《小王子》里的那朵花，只那一朵，便让小王子觉得全部的星星上犹如都开着花。尽管开始找寻意味着历经失去，但不经失去，我们又怎能学会珍惜？小要求：花儿图片一张，少年心事一篇（字数200+）。"

瞬间，沉寂的群开始活跃起来。正当大家嚷得火热之时，我又附上了一段文字：

油菜花，谐音"有才华"，我喜欢那一簇簇恣意开放的金黄，我也喜欢它毫无保留盛放的梦想。在冬天里种下一粒种子，在寒风中固守自己的期望，待一场暖暖软软的风拂过，它挣破了枯瘦的土被，向着太阳将腰身舒展,然后,它无惧春寒料峭和他人的目光,努力盛开出铺天盖地的一片金黄,让萧瑟的湖山一瞬间灿烂,在枯瘦的春天里响起银铃般的欢唱……亲爱的孩子们,即便身处的世界薄情而喧嚣,我们也要学会深情和平静地生活,因为沉寂只是暂时的,春天里融化的冰下面的种子,藏了一冬的希望和梦想!

果然,不出所料,等待我的是千朵万朵压枝低的惊喜,这么多天网课以来,我第一次被学生提交作业的速度和质量打动。少年们纷纷向我敞开心扉,与我分享他们眼中美丽的花儿和心中深藏的故事。

我看到了朱锐同学的"格桑花语":"和奶奶在屋后漫步的那天,奶奶说这朵小花好看,于是我就拍下来,到现在也没舍得删。今天我又来了,村子里的风还在吹着,走在屋后的小路上,花儿还在迎着风开放,我脑子里全是和奶奶依偎的场景,可是那个爱笑的奶奶以及那只她养大的鸡都不见了……我想把我的思念告诉风,希望它告诉途中的每一朵格桑花,我爱这家乡的春暖花开,我会永远记着那个看花开的奶奶……"

我读懂了浩冉同学的"桃花物语":"那是三年前和朋友一起看桃花时拍的一张照片,那时没有疫情,没有烦恼,我们无话不谈,无忧无虑。可今年的桃花又开了,它依旧笑着春风,而能和它相映红的我们却因疫情被困在家,无法再见。花有花期,可是友情是没有期限的,既然无法在这样温柔的季节去见自己想见的人,那就怀念这一树又一树的桃花开吧。"

我还看到了相甫同学的"玉兰花开",紫涵同学的"海棠依旧",家瑞同学的"永恒紫罗兰",媛媛同学深情寄语的"生生不息中华木绣球",冰洁同学寄托信仰的"希望满目皆是你的向日葵",还有闫宇同学在排队做核酸时不经意寻到的"幸运的四叶草"……

《小王子》书里写到，大人只喜欢数字，而真正热爱生活的人，才不把数字放在眼里呢。你要是说：我看到一幢房子，价值十万法郎，孩子们根本想象不出这幢房子是什么样的。但如果你说，我看到一幢漂亮的房子，红砖砌的，窗前有天竺葵，屋顶上有鸽子……他们会惊呼："多漂亮呀！"

你是一个怎样的大人？你又是一个怎样的老师？你还在斤斤计较那些冰冷的数字吗？你能读懂孩子们认真描绘的心景吗？你愿意陪伴孩子们保持童真童趣吗？你会设计一些美好且有诗意的活动吗？

愿我们每个大人能常常有发现，有时候不妨像个孩子。

愿我们都能和自己喜欢的花儿相遇，并用文字记录下来。

寻找答案

> 有时只有借助谎言才能诉说真实。
>
> ——题记

前不久,和学生一起读了一篇名叫《父亲的阳光》的文章,文章开头说:"父亲不怕晒,无论怎样的毒日头,只要事情没有做完,他都顶着日头,继续干自己的活。"后面的练习第一题这样提问:"文章开头强调父亲不怕晒,有什么用意?"

我们班同学短暂思考过后就喊起来:"内容和结构两方面……"我示意一位喊声最大的同学起来作答,他站起来便支支吾吾了:"呃……内容写了父亲不怕晒,写出了父亲很厉害,他不怕晒……呃……"我侧着头等待他继续,看他实在"呃"不出来下文,我才追问:"你的意思是感觉父亲有不怕晒的特殊技能很厉害吗?"他竟然点点头,这时候班里有人在笑。

我让一个笑得最灿烂的同学起来说说他的看法,他立马调整好表情,一本正经地说:"内容上写父亲不怕晒,其实是体现了父亲吃苦耐劳的特点;结构上引出下文对父亲的描写,设置了悬念,激发读者阅读兴趣。"大家听到他近乎"标准"的答案，纷纷点头，继而掌声响起，伴着一声高过一声"优秀"的喝彩。我在肯定了他的答案之后，追问了这样一个问题："作者的父亲真的不怕晒吗？"

"当然不是，人哪有不怕晒的，只是他不得不接着挨晒，因为文中写了他的事情没有做完，他必须顶着日头继续干活。"这位同学非常善于从文字中解读问题。我笑了笑，再次表达对他的肯定，依然没让他坐下，顺势又附加了一个问题："那为什么作者在文中多次强调父亲不怕晒？是他相信自己的父亲真的不怕晒吗？"那位同学开启了思考模式，紧急翻看文章，迟迟没有作答，全班同学也陷入了沉思。

我示意他先坐下，我把期待的眼神投向更多同学。

时钟的秒针转过了三圈，这时一位男生举手了，我欣喜地望向他，示意他站起来回答。他说："我觉得是作者心疼父亲，他能分辨出'不怕晒'实际上是父亲的'谎言'，他多次强调父亲不怕晒，实际上是多次点明父亲顶着烈日在田间劳动，他不是不怕晒，而是背负着家庭的责任，更加突出了作者对勤劳质朴父亲的心疼和赞美，也是对像父亲一样的广大劳动人民的赞颂。"我欣慰地点头，看向他，并带头为他鼓掌，表扬他不仅仅在解读文章里的作者和父亲，还联想到了广大的劳动人民，真的很棒。这位同学也很开心，看得出连坐下的时候都还在回味自己的答案，眼睛里闪烁着喜悦的光。

我亦由此有了新的反思，我们学语文，为什么要做阅读理解题？因为阅读可以让人明白很多事情，懂得许多道理，而理解和分享的过程就是打破固有认知的过程，是提高分辨是非能力的过程。我们语文老师引领学生阅读，不能局限于做题，而应引领学生从阅读中获得心灵的滋养，让自己收获成长。可见，阅读是何其重要，又何其神圣。

所以在同学们以为我要讲解第二题的时候，我忽然又接着刚才的话题引申了一问："你的生活中有没有这种当得知'谎言'背后的真实时叫人心疼到想落泪的经历？"

一位女生很快举起了手："我记起来读过一篇文章，大意是母亲说她喜欢吃鱼头，把好吃的鱼肉给孩子们吃，还说自己不喜欢吃。读到最后，我哭了，我感到所有的母亲都是这样深深爱着自己孩子的。"

又一位女生仿佛受到了启发一般，主动站起来说道："我爸常说他不喜欢吃西瓜心，总是留给我吃，他骗我说西瓜心太甜了，他喜欢吃靠近瓜皮的地方。我现在才懂，他一定是在说谎。"

一位男孩竟然红了眼圈："我小时候写作文，写妈妈的爱好是洗衣服。因为每天都看到她不停地收拾家里，经常洗衣服，我就以为她最爱干的事是洗衣服呢。现在来看，是我自己太傻太天真了。"

一位女孩努力咬紧下嘴唇，不让眼泪落下来："我爸爸经常说的一句话就是'爸不累'，他每天都要出车，早出晚归，有时候洗着脚就睡着了，他怎么可能不累呢？我忽然懂了，自己为他做得太少了。"

我将赞许的眼光送给这群可爱的孩子，并鼓励他们畅所欲言。这时有一位历史学得很好的男孩站起来说："我忽然想起那些英勇牺牲的共产党员，他们在就义之前都会高呼'怕死不是共产党员'。我以前还真以为他们都不怕死呢，现在想想，他们和我们一样都是人，都热爱生命，他们不是不怕死，而是有比死亡更让他们深恶痛绝的事情，或者说，有比生命更重要的东西值得他们放弃生命，那就是共产主义信仰吧。"

"此处应该有掌声。"我带领大家为这位同学送去潮水般的掌声和夸赞。

黑塞说过："世界上任何书籍都不能给你好运，但它们能让你悄悄地成为自己。"阅读不能让我们一夜暴富，却能让我们拥有意想不到的收获。我愿意陪着我的学生快乐阅读、积极思考并分享。人生有许多"当局者迷"的难解题，不经意间在别人的文字里，我们就能翻越重重迷障，辨别穿着谎言外衣的真实，发现埋藏在生活之下的真谛，找到我们自己想要的答案。

刹那光影，瞬间永恒

那天下午作文课上，我布置了习作题目《记忆最深的一堂课》，说好了写作要求和注意事项，就把时间交给了同学们。

春日的午后，阳光透过玻璃窗照进教室，温暖而又静谧。同学们显出些许困意，尤其是坐在窗边的那几名同学，手中握着笔却一字不写，他们的魂早已不知飞向了哪里。

我悄悄走到窗边，轻轻地拉上了窗帘。神奇的一幕发生了！窗帘上竟然浮现出了一幅美丽的"画"，还没等我发声，班里的同学开始了"大呼小叫"：

"快看呀，太美了！"

"这叫什么？叫影子画吧！"

"不，不，这叫中国画！"

"我看是写意画！"

"我觉得是抽象派的！"刚刚还一片"深沉"的教室瞬间"闹腾"起来，大家七嘴八舌，议论纷纷。

我没有打断他们，想听听他们还有什么想要表达的。果然，可爱的永麒同学说话了："我为啥想起来艺术手法'虚实结合'呢？"

哈哈哈……一阵笑声过后，子彤同学激动地站起来说："我想起苏轼的《记承天寺夜游》，'盖竹柏影也'那句。"

好学聪慧的媛媛同学冷静地接话："庭下如积水空明，水中藻、荇交横，盖竹柏影也。"

"对对对，大家快看是不是这种感觉？"子彤同学高兴万分地喊。

"什么啊？拜托你搞清楚，那是月光如积水，竹柏影如水中交横的藻、荇，这里是日光和树影好不好？"爱较真的嘉艺同学毫不留情地浇灭了子彤因灵感突发而生出的"热情"。

"疏影横斜水清浅，暗香浮动月黄昏。"我们班里最不缺"腹有诗书气自华"的人，这不，汪涵同学见景生情，随口吟出……

"你这也是月亮！我就不信了，唐诗宋词元曲，就没有个赞美白天光和影的句子！"子彤噘起嘴不服气又不甘心地说道。

瞬间鸦雀无声，目光竟然全投向了我。

我站在那一幅"窗帘画"前，大脑也开始飞速运转，忽然灵光乍现一般："朱熹的《观书有感》，'半亩方塘一鉴开，天光云影共徘徊。问渠那得清如许？为有源头活水来。'光是日光，可是影是云影，也不是咱这树影啊。"

"语文老师就是有文化，佩服佩服！甭管什么影，这首诗突然又带给我灵感了，我要写的《记忆最深的一堂课》终于有内容了。我就写这节课，就写这刹那间的光影，就写这成为永恒的一瞬。"子彤笑嘻嘻地描绘着，竟然出口成章。

"是呀，真是一个好思路呢。"同学们纷纷"捧场"。

这时已没有一个人再打盹，刚刚"沸腾"的教室，又恢复了"静好"，只听到笔尖触碰纸张的沙沙声。

生活是写作的源泉，此话一点也不假，没有生活，写作就是无源之水。就是因为真实经历过，才有话可说，有文可述，哪怕是想象，也是建立在真实之上。

我想起魏书生老师曾说过的一句话："要珍惜学生心灵中闪光的东西，以他们自己的光芒，照亮自己的黑暗。"其实每个孩子都是潜在的"艺术家"，他们富有朝气和活力，他们对美好的感知力往往优于成年人，只要给他们创设情境，他们便能主动认识美、体验美、感受美、欣赏美、创造美。

我轻轻地走到子彤的旁边，欣喜地瞥见她作文的开头："那一堂课，她站在光与影里，就是一首令人难忘的诗。"

当一名语文老师是件很有诗意的事，有时候根本不需要多说什么，一刹那的光影，就足够引出蓬勃的诗情……

土豆，土豆

班级阳台小菜园的土豆长势大好，每一棵都是通体深绿色，倾着身子呈向阳的姿势，粗壮的茎、饱满的叶都在努力伸展着。

作文课上，我邀同学们一起观察班级菜园里种的土豆，运用丰富的想象，提炼出脑海中的关键词，然后记录下来在小组内分享。

等他们开始观察土豆，我便开始观察他们，同学们先是安静地观察和思考，时而微笑，偶尔皱眉，紧接着拿笔速记。慢慢地，每个小组都进入了状态：有人在说，有人在听；有人还沉浸在自己的凝神中；有人像被触动了书写开关一样，一发不可收地在奋笔疾书；有人拿笔小心翼翼地拨弄着土豆的叶子，脸上带着不可思议的表情；还有人捏起一点土，放在指尖捻来捻去仿佛在寻找灵感……

我绕着几个小组走了一圈，发现同学们笔记本上出现的关键词各不一样，还特别有意思。有"努力活着""带着梦发芽""生命的故事""坚强的土豆""奇迹的背后"等这类有关生命、梦想和成长的词语；也有"干瘪的芽块""疏松的土""喜光厌水""给它需要的"等有关种植技术类的词语；还有一些"若只如初见""我为土豆狂""超级无敌土豆泥"这类让我摸不着头脑的词语。

看着同学们认真又可爱的表情，我也静静地端详起这几棵茁壮成长的土豆，再联想着同学们的关键词，不禁陷入了回忆。

几周前的一个周五，我们班的菜园子收了一茬油菜，奖给了班级品学兼优的"孝心少年"，菜园子又闲下来了，于是我们商量着种点当季蔬菜。同学们经过讨论和网上查询，一致决定种土豆。放学回家的时候，我布置了一项"特别作业"——回家寻找发了芽的土豆。

到了周一，只有我和一名同学带来了七八个发芽的土豆。同学们饶有兴趣地凑上来，七嘴八舌地议论开来："一个小组种一个土豆？那也不够啊。""整个土豆埋在土里吗？""一棵土豆能结很多土豆对吧？""我和爷爷收过土豆，但没见过他种。""求助夏老师，她肯定懂。"……看他们一脸期待地瞅向我的样子甚是好玩，我便装作没有做过功课一般，两手一摊："其实我也不会种。"一听我这么说，同学们更加欢乐了，他们笑着闹着要当我的老师，马上着手开始了网上查询土豆种植的方法和注意事项。

"切块，切成带着芽的小块。"小格大声喊道。

"切成块怎么种啊？不会烂掉吗？"有人问。

"网上说，在切口上涂草木灰，杀菌消毒。"小格继续科普道。

"草木灰是什么？上哪里去找草木灰啊？"又有人问。

"噢，草木灰啊，我知道，我在奶奶家土灶里见过，烧过的草木留下的灰烬，就叫草木灰，小时候我们的手破了，奶奶会让我们敷上一层，原来它真有杀菌消毒的作用啊。"我慢慢悠悠地来了这么一段"插播"。

"老师，你的小时候距今多少年了？"有个调皮孩子"一针见血"地打趣道。

"这草木灰对咱来说还真不好找,大家再查查看,如果不用草木灰到底可不可以。"我给他们建议。

"切块后将土豆芽块放入土壤中,并覆盖三厘米左右的细土。注意噢,芽朝上放进土里会收获比较多的小土豆,芽向下放进土里,会收获比较大的土豆。"负责网络查询的同学继续宣读。

"啊?还有这种操作?"我和同学们都发出不可思议的质疑。

"实践出真知,咱不妨检验一下。"我笑着和同学们说。

"我们组种的时候芽朝上,你们组的芽向下,咱到时候看看。"小格开始和旁边人商量。

时间过得飞快,我们的早读课在讨论和发现中度过,有的小组有人开始用小刀切带有芽的土豆块,围观的人比动手的人还多。后来上英语课的时候,还有人没忍住又去切土豆,被英语老师投诉到我这里来,我又特意找那位同学聊了聊"什么时间做什么事情"的必要性。她的回答是:"它带着梦发了芽,我想快点种下它。"这也应了他们后来写在本子上的关键词"带着梦发芽"。

出人意料的是,他们怀着多么期待的心情种下一块块土豆,就被多么强烈的"失落感"打了脸。我们学校组织七年级学生去实践基地进行为期一周的拓展训练,同学们欢呼雀跃,向往着离开教室的日子,没有人记得给我们的小菜园浇水,或许他们压根就忘记了土里埋着刚刚带着梦发芽的土豆这回事。所以整整一周后,我们又回到教室时,看到靠窗的小菜园早已干旱得不成样子,学生才纷纷想起来我们种下的小土豆。

他们略带悲痛地扒开薄薄的一层土,只见原本新鲜肥美的土豆块已经干瘪成了锅巴似的一小块,原本生机勃勃的嫩芽也早已萎缩不见……同学们都很失落，又很难过，也很自责。

这时，浩楠同学大叫起来："快来看，我们组小白菜田里长出了一棵土豆。"我们循声望去，果真如此，问他怎么回事，他才交代了他那天偷偷埋下了一块看起来没有发芽的土豆块，没想到竟然在土下生出了芽，在小白菜苗的庇护下，顽强而又苗壮地破土而出。

看着这棵"独苗"，同学们唏嘘不已，各自怀着心事散去。只有浩楠同学把刚才同学们挖出来的锅巴状土豆块重又埋进土里。我问他这又是要做什么，他说："当肥料不行吗？不是有首诗说'化作春泥更护花'吗？"然后他问接下来这些闲着的菜园再种点什么，我说还是和同学们商量一下再说吧。

后来，浩楠同学每天一有空就拿着小喷壶给土豆苗浇水，难能可贵的是他还能坚持给每块小菜园喷一喷水，不管菜园里有没有苗。

有一天读浩楠的周记，他写他渴望有一天能和他的小土豆一样绝处逢生，引人注目。我特意找了个大课间，专门去教室找他，跟他提议将渐渐长大的土豆苗转移到专门的一块菜园里。他问："为什么？没有小白菜，或许小土豆早就死了。"我笑："可是小土豆长大了，它需要有自己的地盘，它本身就占了小白菜的地盘。"他也笑，很有深意地说："好吧，原来长大就意味着离开啊。"

天有不测风云，我因为肺炎住院十多天，在我游离于亚健康和病痛之间时，我忽然对生命有了更深刻的认识，我不断反思自己透支的健康时光，也慨叹自己创造的所谓价值相对于我的健康值，简直不值一提。痛定思痛之后，我积极配合医生，安心养病，暂时放下所有工作，自然也顾不上去想浩楠的那棵土豆"独苗"。

等我归来的时候，一进教室，就被学生捂住眼睛，然后被拉着向前走。突然，有学生高兴地大喊："夏老师，快看我们的小菜园，奇迹发生，好多坚强的土豆竟然死而复生了！"我定睛一看，一块块小菜园里零零星星冒出来几棵土豆苗。还没等我问，浩楠便急着向我解释："已经破土很久了，夏老师，我们一直在等你回来看这些小土豆的奇迹。"

是吗？我差点落泪，看来凡事并没有我们想的那么糟糕。

"大家快点坐好，我们开一场微班会吧。我想借着小菜园里的土豆，和大家聊聊有关生命的话题，谁想先说一说？"我问道。

"我来，老师，我觉得不能轻易放弃生命，坚持一下或许就有奇迹，就像这些小土豆，即便我们认为它们都死了，可它们自己并没有放弃，所以它们又以重生的方式让我们刮目相看。"浩楠同学第一个踊跃发言。

"其实我猜得到，正是浩楠同学没放弃，把同学们挖出来的干瘪的土豆块又埋好，然后日复一日地浇水，才有了今日小土豆苗的奇迹。"我紧接着说。

"是的，我可以做证，他天天一下课就拿着喷壶，这块田喷一喷，那块田喷一喷，剩一点水再喷在我身上，我感觉自己也快发芽了。"小天同学以他特有的幽默，引同学们一阵哄笑。

"生命的力量真奇怪，我感觉每当看到这些小土豆苗，自己也充满了力量。"女孩小菲勇敢地站起来分享。

"我希望大家都能在这春天里，充满青春的力量，勇敢地拥抱自己美丽的生命。"我总结了一下，便宣布微班会结束。

可是，故事并没有结束，自从开完微班会，班里竟然一下子多出来好多辛苦浇水的"园丁"，他们一下课便拿起喷壶，对着土豆苗就是一番"滋润"。结果土豆苗开始疯长,越长越高,又因为植物的向光性,高高的土豆茎都弯了腰。

同学们在开心的同时又有些忧虑:"夏老师,这土豆会不会只顾着长高,不结土豆啊?"我再次两手一摊:"我也不懂。"于是他们又向"万能"的网络求救,借了我的手机,便开始了搜索,然后就听见:"土豆喜光厌水,长得过高是因为浇水太多……"

"浇水太多!"人群里有人重复道。

"看吧,土豆和人一样,它想要的,是它需要的,给予它太多它不需要的东西,反而是它的负累。"我把简单的话题又升华了一下,说完之后,很多学生都若有所思。

"老师,作文要写多少字?"他们竟主动要求着手写作了。

"题目自拟,字数不限,想写多少就写多少吧。"

我忽然想起不知何时摘抄过的几句话,于是笑着说:"想要分享给大家两句史铁生的话——整个春天都是生命力独享风流的季节;生命的意义就在于自己的选择和抗争之中。不知大家有没有受触动?"

"土豆,土豆;生命,生命!"有学生在呐喊。

蓬勃的生命,我可爱的学生,还有他们亲手种下又拯救的小土豆,给我上了生动的一课。

兰花儿，兰草儿

终于盼到复学日。

来得早的几个女生围在我身边叽叽喳喳说网课期间的"趣事"：小西同学还躺在床上就打开了视频，小马同学天天戴着墨镜开视频，小强边吃饭边参加视频会议被分享到了公共屏幕，小孙同学留在大家手机里的各种表情包……陪着她们笑的时候，我忽然瞥见了讲台一侧置物架上被遗忘的几盆吊兰，我们撤离学校时，班委几个人商量着分别带回家，结果还是有人忘了，我也没有注意到。

"小茹，你们几个去打点水浇浇花吧。"我忽然皱起眉头说道。孩子们不明所以，顺着我手指的方向看那几盆倔强的吊兰。历经近俩月的干旱，它们已经没有力气了，叶子蔫蔫的，像是挨批评的孩子耷拉着脑袋，颜色也失去了绿气。"老师你说的花在哪儿？那不是盆草吗，我怎么没看到哪里有花？"调皮又爱较真的小茹一本正经地反问。

"那几盆吊兰啊，虽然还没开花，但不妨碍我管它们叫'花'吧。对了，我小时候听过一首叫《兰花草》的歌，我和你一样，打小就有个疑问，兰花草到底是花还是草。"我故意将刚刚舒展的眉头又皱了起来。

"老师,那你现在搞清楚兰花草是兰花还是兰草了吗?"小茹继续眨着求知的眼睛看着我。

"唉……真不好意思,我到现在也没搞清楚。"我霎时脸红了,是啊,我怎么能接受一直"蒙在鼓里",被同一个问题困扰这么多年却不花点时间去弄明白呢?

"老师快查查百度百科吧,查到了也给我们普及一下。我们去浇——'花'还是'草'去啦。"

几个小女孩蹦蹦跳跳打水去了,我赶紧打开了搜索引擎。

"啊!兰花是兰花,兰草是兰草!"我惊呼。

"啊,吊兰和兰花压根就是两个物种!兰花主要分布在亚洲,尤其是中国,吊兰原产于南非!"我又惊呼。

"吊兰不是花,也不是兰草。吊兰又叫挂兰、钓兰、垂盆草。而我国兰草资源丰富,品种较多,有朱砂兰、雪兰、送春归、夏惠、秋素等。"

听我一条一条惊呼着我的"新发现",捧着洒水壶刚刚回来的女孩们也饶有兴趣,她们没有"嘲笑"我的无知,反而很配合地凑过来和我一起探究。

"我们国家连给花花草草起个名字都这么好听啊。"女孩子一参与,总是能发现好玩的点。

"哇!兰花草和兰花区别更大,它们不属于同一类植物,前者别名竹叶草、鸭跖草,喜欢湿润环境宜浇水;而后者属于兰科兰属,宜干燥要少浇水。"我睁大眼睛指着手机屏幕,再次惊呼。

"老师,这个'跖'字怎么读?"又是古灵精怪的小茹向我发问。

"呃……"尴尬袭来。"我们一起查一下吧,老师也不确定。"我不好意思地说道，然后退回到搜索页面。

"zhí，读二声，释义为脚面上接近脚趾的部分；脚掌；践、踏。"小茹看到搜出的答案，情不自禁地读出来。

"我们再看看和它形近的字吧，因为我真没想到这个字读 zhí。"在我的提议下，我们又找到了符合条件的 15 个右边为"石"的汉字：柘（zhè）、炻（shí）、拓（tuò，另读 tà）、砳（lè）……

"真长知识啦！老师，你搜一下《兰花草》这首歌给我们听一下吧？"小茹又想出一个有趣的问题。

"我从山中来，带着兰花草。种在小园中，希望花开早……"曾经熟悉的歌谣悠扬唱起。在这个时候，我看到了推荐搜索条：《兰花草》这首歌改编自胡适的诗歌《希望》。这是首港台歌曲，没料到原词作者竟然是胡适！赶紧点开链接，和同学们继续长知识：1921 年夏天胡适到西山去，友人熊秉三夫妇送给他一盆兰花草，他欢喜地带回家，读书写作之余精心照看，但直到秋天，也没有开出花来，于是有感而发写了这首小诗。后来被台湾的陈贤德和张弼二人修改并配上曲子。

"胡适他充满希望地种下花草，但花儿却迟迟不开。虽然不开，但作者依然相信它总有花开之日，这就是'希望'的含义。"我又开始"好为人师"起来。

"希望，嗯，希望我们教室里的吊兰也开花。"

"希望我们班同学都能考上高中。"

"希望我们永远都是朋友。"

女孩子们又开启了"七嘴八舌"模式，其间，陆续返校的同学走进了教室，他们纷纷向我们投来疑惑的目光。

我在黑板上写下"兰",让同学们谈谈对这个字的认识。

有同学说:"我就知道'梅兰竹菊'里的兰。"

有同学读书多,随口吟道:"王勃有首诗里说'金声玉韵,蕙心兰质',是形容人有气质吧。"

快言快语的小晗同学说:"我记得《离骚》里面好多写'兰'的句子,屈原对兰情有独钟,'秋兰兮青青,绿叶兮紫茎。满堂兮美人,忽独与余兮目成。'还有好多句,我一时想不起来了。"

"你太有文化了!你说的这几句老师都背不下来呢!我们可以一起搜索,一起学习。"我打开教室里的电脑,找到搜索界面,输入"屈原写兰的诗句",弹出来的句子让我们都沉浸其中:"秋兰兮麋芜,罗生兮堂下。绿叶兮素枝,芳菲菲兮袭予";"委厥美以从俗兮,苟得列乎众芳""扈江离与辟芷兮,纫秋兰以为佩""朝饮木兰之坠露兮,夕餐秋菊之落英"……

"同学们思考一下,屈原为什么这么喜欢写'兰'这个意象呢?"我忽然问道。

"因为屈原与兰花之间有着惊人的契合之处,它们品性孤傲,气质幽香。原本没有感情的兰花,一经屈原用情点染,便成了有血有肉的隐士、斗士和失意文人的形象。"文学水平高的小晗回答道。

"是故弟子不必不如师,师不必贤于弟子。今天同学们的表现让我倍感骄傲和心虚,骄傲于你们每个人都乐于勤学好问、积累知识,心虚我的文化积淀还严重不足。"我对着小晗竖起了大拇指。

小泽同学听了我的鼓励和赞赏,也踊跃地贡献了自己的历史知识储备:"屈原是我国历史上伟大的爱国诗人,他在战国七雄并存时期,为楚国内政、外交奉献了不可磨灭的功劳,之后遭受小人谗言,被流放，但他仍关心朝政，热爱祖国，直到最后自沉汨罗江以殉自己的理想。这是我从历史书上看来的。还有，我们现在的端午节就是为了纪念屈原的。"

我不住地点头，然后说："韩愈的《师说》没错啊，无贵无贱，无长无少，道之所存，师之所存也。以大家的表现，都能成为我的老师了。"

"三人行，必有我师焉。孔子说的。"小晗看着我笑。

"学不可以已，青取之于蓝，而胜于蓝。荀子说的。"我也笑着对。

陆陆续续到来的同学加入了我们的聊天队伍，我们从最初的"兰花草是花还是草"开始追问，一路延伸到对"学习不能停"的探讨。

热热闹闹的讨论声中，我看向被浇了水的吊兰，它们神奇地舒展了叶子，像昂起头的孩子。

清风徐来，兰叶摇曳，神采奕奕，我似乎听到一种劫后复生的声音，更是重回自信的声音；我又仿佛看到一种不屈命运的生长姿态，更是朝气蓬勃的青春姿态。

一草一花一世界，一枝一叶总关情。老师和学生的故事，总是这样"一期一会"。在某个特定的期限里，我们有缘发现彼此，并且只有一次经历机会。只有抓住这个机会，我们才能从一个小小的问题生成更多有意思的问题，在一起寻求答案的过程里碰撞出许许多多智慧。

记下这个"兰花儿，兰草儿"的故事，是为珍惜。

班主任的眼睛

我一直没觉得自己是个凶狠残暴的人,所以我对那个在作文中写"我从不敢看老师的眼睛"的孩子牢记于心。

我找了个机会,把他约到办公室,给他搬来一个凳子,和我45度角斜对着坐。

我问他:"你觉得我很可怕吗?"他不好意思地低着头,始终不敢抬眼,嗫嚅道:"不可怕。"

我拍拍他的肩膀:"那就抬起头来吧,看着我的眼睛,我真的不可怕。我想知道你在作文中写的'我'为什么那么可怕呢?"他抬起头来,又迅速低下头,说:"老师,我不是怕你,而是怕看你的眼睛,你的眼睛好像能看穿一切。"

我笑了:"是吗?孙悟空的火眼金睛能看出是人是妖,我觉得我还没这个本事呢。"他放松了一些:"可能是我的原因吧,我感觉所有班主任的眼睛,都一样厉害。"

哦,原来是这样啊!那我们今天就来好好聊聊"班主任的眼睛"吧。

"你知道什么时候,班主任需要两眼都要睁,两眼都要亮吗?"我问他。

"我们犯错的时候。"他说完还调皮地做了一个防挨打的动作。

"不对，班主任的眼睛睁得大，看得清，盯得紧，不一定是你们犯错的时候，而一定事关安全，因为安全无小事，事事需上心嘛！"我耐心地和他聊着。

"对，对，上次咱班黑板上方的电线脱落就是您发现的，我们来来回回走了那么多趟都没看到，还是您眼睛毒。"他笑了。

是啊，作为"一班之主"，紧盯安全是班主任眼睛日常"行为规范"。班级事务纷繁芜杂，安全无小事，班主任必须时刻保持一双"关注"的眼睛，还要常怀"居安思危"之心，善于见微知著，善于发现推理。当然了，只是发现了没有用，能解决问题，才是王道。

"那好，我再问你，班主任什么时候需要睁一只眼，闭一只眼？"我继续和他聊。

"我想一下，这回应该是我们犯错的时候了吧。您平时都是这样的，在您那里，我们大多数错误都可以被原谅。"

"果真是经历过才有发言权啊，这次问题回答得较为正确。班主任好多时候都可以睁一只眼闭一只眼，只要发现问题是个别现象，经过调查研究、理论分析，加之经验辅助，感觉自己能'hold'住事情的发展趋势，那就睁一只眼闭一只眼过去就好了，好多事情不去处理也是处理的一种方式。"我端起一杯水，慢悠悠地和他说着。

他彻底放松下来，笑了笑，两只手也不再反复交叉无处安放，而是很自然地握在了一起。

"最后一个问题，你知道班主任什么时候需要闭上眼睛吗？"我笑了笑，继续和他聊。

"睡觉的时候呗!"他快言快语地接茬。我知道他是在开玩笑,但我还是"一本正经"地对他说:"我的意思是,班主任闭上眼睛,放手不管。"

"您信任我们的时候,一直是放手的。"自由状态下的他,谈话很是机灵又顺畅。

"嗯,信任你们能做好,你们一定能做好。很多时候,放手就是一种爱,尤其是班级活动的时候,你们的创造力,你们处理问题的能力远远超出我的想象。你想想,每次学校组织'板报比赛''演讲比赛''才艺会演''读书实践'等活动,咱班哪次不是第一?我觉得就是你们无穷的智慧和个性碰撞,因为班主任闭眼、放手才得以实现。"

"老师说得对。"他咧开嘴笑起来。

"聊了这么久,你还怕我的眼睛吗?"我缓缓问道。

"不怕了,当老师原来这么好玩啊。"他饶有兴趣地说。

"是的,不经意间我们就发现了好玩的事情,你也要有双善于发现的眼睛。作为咱班的体育委员,你是不是也得积极筹备一下运动会项目了?"我微笑着看他。

"原来这才是您找我谈话的最终目的啊。"他哈哈笑起来。

看着他自然放松的样子,我忽然想起七年级刚入学的时候,他第一次和我"过招"的样子。来到教室之后因为个子高,他自己选择了最后一排,斜坐在座位上。我走过去示意他坐正,他不以为然地说:"没办法,腿太长,桌子太矮了,坐正当了不舒服。"记得当时,我盯着他看了三秒,他就低下头,然后坐正当了。或许就是那时,他记住了我的眼睛,而我并没发现他不敢看我眼睛。我接着拍拍他肩膀,说道:"你腿长呀,这太好了,咱班目前就需要大长腿,跑得快啊,以后班里跑腿的事就都归你负责了。"他低声说道:"我坐正当还不行吗?"

后来,他做了我们的体育委员,班级的课间操和跑操都归他管,班里的大小事务需要跑腿的,也都由他热心操持,每年的优秀班干部评选,他都名列其中。

再往后,他还被体育老师选中,代表学校参加了全区中学生运动会,取得了很好的名次,他自己可能也没想到,他可以这么优秀,这么有价值。

是呀,每个人都有优缺点,放对了位置,都是人才。关键是"千里马常有,而伯乐不常有",而我们当班主任的,就是要苦练双眼,争当伯乐,善识人才。

见字如面

就在上周,我收到一个读高三的学生发来的信息,他说他们开始在网上填报高考信息了,在填写初中经历敲下班主任名字的刹那,心跳像是漏掉了一拍,仿佛穿越回到了初中的时光。

"我的名字这么神奇吗?"我跟他开玩笑。

"写您的名字就跟看到了您一样。"他说。

"人家都是见字如面,你这是见名字如面啊。"我继续说着玩笑话。

"老师,您教了我们三年,我们好像从来没有直呼过您的全名。可是您写给我的信,结尾处的署名都是您的全名,这让我感觉您更像是我的朋友而非老师。我到现在还保留着您写给我的五封信呢,您开头最喜欢用'见字如面'这四个字。"这不加修饰的对白,寥寥数句,一下子就把我拽回到我和他用书信交流的那一段时光。

那一年,他还是个总爱掉眼泪的男孩。他不爱说话也不大爱动,但是学习、做事都特别认真,写字也很秀气,我知道有些男孩天生就比较腼腆,更值得我们多些关怀和爱护。有次我去教室发现他趴在自己位子上大哭不止,怎么问都不回答。他旁边的同学告诉我,他因为被前桌的小浩用形容女生的词语讥讽了而生气。小浩自恃学习成绩名列前茅回头笑着想要辩解，我二话没说就从座位上将小浩"揪"了起来，义正词严地说："马上道歉！"同学们哪见过一向温柔的我这般"粗暴"，瞬间鸦雀无声，小浩也战战兢兢地说了句："对不起，我错了。"他缓缓地抬起头，用噙满泪水的眼睛看向我，我递给他一张纸巾，转脸继续对小浩说："鞠躬道歉，直到人家原谅你为止。"然后就见小浩如同小鸡啄米一般低着头边鞠躬边道歉，善良的他终于带着哭腔对我说："没事了，我原谅他了。"因为紧接着有其他老师的课，我就拍拍他肩膀退出了教室。

不善言辞的他在事后托同学捎给我一张纸条，上面写了些诸如他从未想过我会为他挺身而出，他很感激我之类的话。我给他回了满满一大张纸的信，内容大概是"悦纳自己，气质独特的你不必活在他人的议论中，温文尔雅、心思细腻是许多人羡慕却不容易具备的特点，而你轻而易举就能做得很好，我愿意成为你的朋友，用文字沟通恰好也是我很喜欢的方式"之类。不过，我已记不清是否如他所说，我在信的开头用了"见字如面"。

又一年，他成了大家刮目相看的编剧。随着和他的书信沟通，我越来越发现他的"内秀"。他在信中写他会因为一只流浪猫而驻足，也会因为一只从窝里掉出来摔死的小鸟而垂泪；他在文字里还能独善其身，畅所欲言，写他远离人声鼎沸却不感孤独，写他身处喧哗又能不盲目从众。我也会在信中表达对他的欣赏，像笔友一样和他分享读书感受和写作心得。

恰逢班里准备"课本剧"展演活动，他在信中告诉我他不想参加，因为他在众人面前不敢说话，更遑论表演。我给他回信，说不是所有人都适合台前，总有些人要站到幕后，每个人都很重要，建议他尝试做他擅长的文字工作，比如说编剧。

他真的去做了，也真的做到了最好。听班里同学说，他不仅负责把自己小组要展演的剧本编辑好，还热心地帮助其他小组修改剧本，情节和台词的设计优良，让大家对他的才华刮目相看。再后来，我成立了一个"编剧社团"，他顺理成章地成了我的左膀右臂，在社团汇报演出的时候，他还特地以我为原型创作了一个剧本。我发现，他最大的变化是比以前写文字更勤奋了，笑容也更多了，他能勇敢地站在台上，面对来自不同年级的同学朗诵他自己写的诗歌了。

毕业那天，他送给我一封信和一枚自己制作的书签，书签上面写的是罗曼·罗兰的一句话："一切好的和使人感到舒适的事物，都是简单而自然的。"

分别数年，记忆渐渐模糊，可那些时光却被一封封信做了最鲜活的封存。每一封信都是彼时的真实写照，弥足珍贵，无法取代。

不只和他，我与很多学生都有过书信交流，是文字见证了我们的成长。我认为书信交流有时比面对面谈话更有效果，因为好多话说出来和写下来是不同的心境，听到和看到又会有不同的心情。每一封信都有温度，因为每个写信和读信的人内心都是柔软的，面对面讲不出话来，或许在写信时可以滔滔不绝。其实，教育也需要仪式感，而书信恰恰满足了这种"纸短情长"的需求。越是在信息化时代，执笔书写一封信越显得稀缺和珍贵，写一封信恰恰是你舍得为他花时间的表现。书信内容没有限定，因人而异。可以就事论事，也可以说说家常话；可以写美好的回忆，也可以写缺憾的分析；可以得意忘形地分享快乐，也可以有风雨同舟的担当；可以写满殷切的叮咛，也可以缀上最深情的祝福。

　　往大了说，写信不仅仅是一个寄托情感的过程，也是对中国传统文化的一种致敬。从前车马很慢，情思也未断，一封书信可抵万金；如今网速很快，念念不忘的万语千言却提笔即忘。所以，请老师们拿起笔，再领学生写一封真正的"信"吧，无论是心事还是困惑，无论是意见还是建议，无论是沉默还是呐喊，把一个个汉字串成一封"书信"，拉近师生之间的距离，见证"见字如面"的奇迹。这不仅仅是一种表情达意的回归，也是对文化的传承，更可以成为一种流行时尚。

　　教育有无限的可能，书信或许会让某种"可能"发生。有书信相伴，关爱不喧哗，成长自有声。

后 记

故事讲完了,感谢您看到这一页,您真是位不扫兴的读者!

特别感谢王维审、庄汉进、陈娟等各位导师对我的提携和关怀,正是因为他们的"不扫兴",这本书才得以顺利和大家见面。

王维审老师曾在兰山区一次读写会上分享了绘本《田鼠阿佛》的故事,他说:"在别人为寒冬努力存粮时阿佛却在发呆、神游,面对别人的不解和质疑,阿佛始终相信自己,他正在搜集别人搜集不到的过冬的宝贝——阳光、色彩、词语。果然在大伙儿断粮后的难熬时期,阿佛用他搜集的宝贝,让大家在寒冷的冬天感觉到温暖,也因此赶走了寂寞。"停顿片刻,他问:"在座的各位有谁愿意做这只田鼠?"

我坐在倒数第二排却听得真切,心里想:"我好想成为这只田鼠呢!"

每个老师,尤其是班主任,每天都在和学生发生着一个又一个故事。我曾听好多班主任讲过自己班里发生的故事,内容特别精彩,我为他们没有用文字记录下来而感到遗憾。这些看似很小很平凡的故事,如果幻化成为文字,连缀起来,就有了神奇的生命力,就会一直

"活"下去，或许能润泽学生和老师的一生。

如果问我在我的写作之路上谁是最具"权威"的引领者，那非庄汉进校长莫属。他是山东省特级教师、首届齐鲁名校长，自担任我们学校负责人以来，一直将学校教师成长当成首要任务，系统开启并持续推进教师修身行动，大力支持教师读写——成立"卓·阅"读书会，要求老师每月提交两篇教育故事，一有时间他还亲自收取并查阅，选取优秀作品编成《卓越心语》，我便是在这个过程中从"被迫写作"到"爱上写作"，一步步成长起来。

我深知班主任也是肉身凡胎，也在经历着人间疾苦。社会的期望值过高、个别家长"唯成绩论"、教育理论知识更新慢、个人记忆力衰退、身心亚健康等一系列问题，导致一线班主任很难坐下来阅读和思考，写一篇像样的文章。可事实是，恰恰于这种状态中突围，我们才能真正实现专业成长。毫无疑问，读写是最佳路径。读书让人智慧，写作让人心静。

因写作产生价值感，这不得不提提我最敬佩的陈娟老师，她是我在发表文章路上的"重要他人"。认识她之前，我的文章大多"发表"在朋友圈里，是她告诉我，我的文章写得不错，可以尝试发表，并告诉我如何提高中稿率。然而，童年的受挫对我的影响根深蒂固。十四岁那年，我曾跟着同学去邮局，给一本中学刊物寄了一篇自己的小诗，结果石沉大海。当我流露出"发表文章太难了"这种自卑情绪时，陈娟老师帮我将《一根头绳》投至《班主任之友》杂志，让人惊喜的是，文章被印成铅字发表。四十岁的我，看着稿费通知单潸然泪下。

从此，我坚定地走上了读写之路。以读写突破班主任成长瓶颈，讲好教育故事，厚植立德树人理念，建立好师生关系，传播好教育声音，这是我当班主任的一个积极探索和构想；作为一名一线班主任，写好教育故事，传递正能量，用自己的人格魅力和学识魅力教育和影响每一个学生，让每一个遇见我的学生因我而倍感温暖和幸福，这是我的教育信仰；热衷反思与总结，坚持读书和写作，在生活中发现教育点，在教育中实践并完善故事，在故事背后实现师生共同成长，这是我的具体行动。

好故事从来都不是批量生产的，好学生也是，好班主任亦如此。

我经历过写不出东西的焦躁不安，也经历过数次投稿却被退稿的自我怀疑，还经历过班级活动预想和现实严重脱节的困窘，被嘲讽过，被冷落过，曾迷失过，曾抱怨过，也焦虑过……然而现在回看，当时的天崩地裂不过是平平无奇的过眼云烟。庆幸自己面对困难时，没有消极懒惰，这样看来，一个人对痛苦和麻烦还有感知，比麻木不仁要好得多。

感谢家人对我的包容和支持。母亲给了我无限安全感，每当我累了倦了，回到她身边就可以安心做个小孩，她用她最朴素的教育观给了我引领和沉淀；感谢我可爱又懂事的两个孩子，每当我加班时，他们默默地陪伴从不打扰；感谢孩子的爸爸，在我每次难以抉择时，他选择无条件站在我这边，全力提供情绪价值……

感谢我们学校的张佃权校长和万红主任，不遗余力地支持我并帮助我完成选稿、审稿工作；还要感谢细心专业又极富耐心、责任心的王怀瑞、马明秀编辑，最终选取的每一个故事都凝聚了对我的信任和指导。

教师是一本会行走的教材，是有灵魂的"工具"，如果您和我一样选择了做教师，就请您和我一起珍惜并敬畏这份神圣的事业吧！希望您能发现我每个故事背后富有温情和力量的"隐藏款"，和我一起做教育事业的"田鼠阿佛"，搜集阳光温暖自己和别人，于纷繁芜杂的工作中守一寸静心，不扫自己的兴，不扫别人的兴，不扫成长的兴，不扫教育的兴，用故事温暖彼此，以写作照亮人生。

我想，当每位教师都有了对教育忠诚且坚定的信仰，每个学生都充满了自信和希望，那我们的未来也将具备不可战胜的力量！

2024 年暮春

图书在版编目（CIP）数据

当个不扫兴的班主任/夏晓磊著. -- 济南：山东文艺出版社, 2024.7

ISBN 978-7-5329-7173-2

Ⅰ.①当… Ⅱ.①夏… Ⅲ.①班主任工作—研究 Ⅳ.① G451.6

中国国家版本馆 CIP 数据核字（2024）第 100523 号

当个不扫兴的班主任

夏晓磊　著

主管单位	山东出版传媒股份有限公司
出版发行	山东文艺出版社
社　　址	山东省济南市英雄山路 189 号
邮　　编	250002
网　　址	www.sdwypress.com
读者服务	0531-82098776（总编室）
	0531-82098775（市场营销部）
电子邮箱	sdwy@sdpress.com.cn
印　　刷	山东新华印务有限公司
开　　本	710 毫米 ×1000 毫米　1/16
印　　张	18
字　　数	230 千
版　　次	2024 年 7 月第 1 版
印　　次	2025 年 5 月第 2 次印刷
书　　号	ISBN 978-7-5329-7173-2
定　　价	58.00 元

版权专有，侵权必究。如有图书质量问题，请与出版社联系调换。